# "二战"后英国产业结构调整研究

刘媛媛 著

中国财经出版传媒集团
中国财政经济出版社

图书在版编目（CIP）数据

"二战"后英国产业结构调整研究／刘媛媛著．--北京：中国财政经济出版社，2023.2

ISBN 978-7-5223-1846-2

Ⅰ.①二… Ⅱ.①刘… Ⅲ.①产业结构调整-研究-英国-现代 Ⅳ.①F269.561.4

中国国家版本馆 CIP 数据核字（2023）第 016391 号

责任编辑：苏小珺　　　　　责任校对：胡永立
封面设计：北京兰卡绘世　　责任印制：党　辉

"二战"后英国产业结构调整研究
"ERZHAN" HOU YINGGUO CHANYE JIEGOU TIAOZHENG YANJIU

中国财政经济出版社 出版

URL：http://www.cfeph.cn
E-mail：cfeph@cfeph.cn

（版权所有　翻印必究）

社址：北京市海淀区阜成路甲 28 号　邮政编码：100142
营销中心电话：010-88191522
天猫网店：中国财政经济出版社旗舰店
网址：https://zgczjjcbs.tmall.com
北京时捷印刷有限公司印刷　各地新华书店经销
成品尺寸：170mm×240mm　16 开　11 印张　155 000 字
2023 年 3 月第 1 版　2023 年 3 月北京第 1 次印刷
定价：48.00 元
ISBN 978-7-5223-1846-2
（图书出现印装问题，本社负责调换，电话：010-88190548）
本社质量投诉电话：010-88190744
打击盗版举报热线：010-88191661　QQ：2242791300

# 序

## ——推进产业结构调整及数字化转型的典型英国思维

产业结构调整问题之所以成为经济学领域持续研究的热点问题，主要是因为产业结构及其优化布局切实关系着一国产业的核心竞争力、经济发展潜力及民众的生活质量等关键问题。2008年国际金融危机爆发后，欧美等发达国家纷纷提出了重振工业及制造业计划。这一计划的宗旨既是为了推进制造业回流、实现产业结构的"再平衡"和对失衡产业结构的"纠偏"，也是为了优化产业布局、重构高端制造业及智能制造在全球价值链中的竞争优势。

它山之石可以攻玉，我国也高度重视产业结构的优化调整。《中华人民共和国国民经济和社会发展第十四个五年规划和二〇三五年远景目标纲要》提出，要增强全球资源配置、科技创新策源、高端产业引领功能，率先形成以现代服务业为主体、先进制造业为支撑的产业结构，提升综合能级与国际竞争力。习近平总书记强调，把经济发展抓好，关键还是转方式、调结构，推动产业结构加快由中低端向中高端迈进。当前，我国应加快现代化产业体系建设，紧抓传统产业改造升级和新兴产业培育壮大，实现产业结构优化升级，在全球产业结构和布局调整中寻求新机遇、开辟新领域、制胜新赛道，提升产业体系的现代化水平。

英国是产业结构调整的"积极"国家，更是典型国家。自第二次世界大战后，英国面临的经济增长问题和产业结构失衡问题便已十分突出。厘清英国产业结构失衡的动因、产业结构调整的具体措施及成效，破解产业结构调整的实质及一般性规律，是学术界亟待作答的历史问卷。当前，学术界对英国产业结构调整问题的研究大多聚焦在英国产业结构调整的演进历程、调整经验等方面，缺乏对其内涵、本质、动因、举措及成效等问题的系统性探索。我的学生刘媛媛博士的新书《"二战"后英国产业结构调整研究》是这方面的一个重要成果。本书全面系统地论述了英国产业结构调整的背景、理论、动因、实质、举措及成效，并对脱欧后英国产业结构调整需要考虑的因素及具体政策选择进行了前瞻性展望，系统性强、内容丰富。

本书立足英国实践，用一套叙事逻辑和理论框架，对产业结构调整问题进行了深入系统分析，具有较强的创新性和实践性，更对我国当前加快推进新型工业化、建设现代化产业体系具有重要的参考价值。同时，英国是较早推进数字化转型的国家，本书用了小部分篇幅论述了数字时代英国制造业角色的定位，及如何推进工业制造业与数字经济的融合，但未对其全面展开阐述。刘媛媛博士承诺在做进一步的前瞻性研究之后，会对英国数字化转型的系列问题进行补充探讨，我期待刘媛媛博士能够在此方面进行更多理论创新，取得更多研究成果。

**中国社会科学院研究员、上海大学特聘教授**
**江时学**
**2023 年 2 月**

# 前　言

2008年国际金融危机爆发后，在欧美等发达国家便达成一个普遍共识，即经济发展模式应从以金融服务业为主导的服务型经济向工业与制造业适当转移，在制造业回归的过程中，实现产业结构的"再平衡"。尤其在金融危机后，西方国家纷纷提出重振工业及制造业的计划，其解决的根本问题在于对失衡产业结构的调整。

英国产业结构的失衡问题由来已久。自第二次世界大战后，伴随着英国工业大国地位被逐步取代，且制造业逐渐被美国、法国及德国等发达工业国家赶超，英国逐渐意识到本国产业结构不合理乃至走向失衡给本国经济带来的严重后果。所以，自第二次世界大战后，为促进本国经济复苏和增强国际竞争力，英国在复杂多变的国际局势、新市场环境和激烈的竞争规则下不断调整经济政策，其中最主要的政策即对产业结构的调整。

本文旨在对第二次世界大战后英国产业结构的调整问题进行较为全面、系统、深入的研究，主要讨论三个问题和实现两个目标。三个问题：自第二次世界大战后英国产业结构调整的动因和产业结构失衡的表现何在？英国产业结构调整的具体措施是什么？英国产业结构调整绩效如何？两个目标：第一，通过分析英国经历的三次较为有代表性的产业结构变动阶段及其特征，探究英国产业结构调整的实质；第二，在此基础上，尝试借助"结构红利假说"和偏离-份额分析法，采用实证分析和理论分析相结合的方式，对英国产业结构调整效应做出进一步评判。

基于以上的研究思路和分析方法，本书主要的研究结论如下：第一，英国产业结构调整的实质在于对失衡产业结构的"纠偏"和实现生产要素的优化配置,根本目的是提高本国的生产率水平、整体经济增长率和生活质量。根据"结构红利假说"理论,对一国产业结构的调整旨在通过生产要素的再配置,使资源从生产率较低的部门流向生产率较高的部门,进而可以提高本国的生产率水平。对于这一目标,在英国2017年1月最新发布的《打造我们的工业战略》蓝皮书中体现得尤为明显。第二,第二次世界大战后英国产业结构失衡的原因在于,"英帝国"解体和"世界工厂"地位的丧失、欧共体/欧盟对英国制造业和经贸市场的冲击,以及快速"去工业化"。针对产业结构的严重失衡问题,英国政府主要采取产业政策和宏观经济政策对其进行调整"纠偏",但结果并不令人满意。第三,在理论分析基础上,本书根据"结构红利假说",通过偏离-份额分析法分析了英国产业结构变动过程中的生产率增长效应,发现英国生产率的增长主要来自第三产业和第二产业内部,而由劳动力要素所产生的产业间转移并不满足"结构红利假说",反而存在"结构负利",资本要素的流动更能带动生产率的增长,即加大资本要素的合理投入是调整产业结构和提高生产率水平的重要一环。本书主要从以上两个维度分析了英国产业结构调整的具体绩效。第四,在以上分析基础上,给出了英国当下产业结构发展及调整中具体面临的问题及未来产业政策实施路径和产业结构调整方向。这也为金融危机后的英国和"退欧"后的英国在产业结构调整方面提供一定的经验教训和合适的政策建议。

作者

2022年10月

# 目 录

第一章 绪论 …………………………………………………… ( 1 )
  第一节 问题的提出及选题意义 ……………………………… ( 1 )
  第二节 国内外研究现状 ……………………………………… ( 5 )
  第三节 本书创新点及不足 …………………………………… ( 15 )
  第四节 主要内容及研究框架 ………………………………… ( 16 )

第二章 理论基础和概念界定 ………………………………… ( 19 )
  第一节 基本概念界定 ………………………………………… ( 19 )
  第二节 相关理论基础 ………………………………………… ( 29 )

第三章 第二次世界大战后英国产业结构调整背景及动因 ………… ( 36 )
  第一节 "世界工厂"地位的丧失与"英帝国"的解体 …… ( 39 )
  第二节 欧共体/欧盟对英国产业结构和贸易的冲击 ……… ( 42 )
  第三节 英国的快速"去工业化" …………………………… ( 56 )
  第四节 小结 …………………………………………………… ( 58 )

第四章 第二次世界大战后英国产业结构调整具体措施 ………… ( 63 )
  第一节 第二次世界大战后英国产业政策在产业结构调整中的表现 ………………………………………………………… ( 63 )
  第二节 宏观经济政策在产业结构调整中的表现 …………… ( 76 )

第三节　英国的"再工业化"政策 …………………………（82）

**第五章　英国产业结构调整实质** ………………………………（93）
　　第一节　产业结构调整的一般性规律 ……………………（93）
　　第二节　英国产业结构调整实质 …………………………（99）

**第六章　第二次世界大战后英国产业结构调整绩效表现** ……（107）
　　第一节　英国产业结构变动对宏观经济的影响 …………（107）
　　第二节　英国产业结构变动调整对经济增长的贡献 ……（121）
　　第三节　国际比较 …………………………………………（133）
　　第四节　结论 ………………………………………………（138）

**第七章　启示与展望** ……………………………………………（141）
　　第一节　第二次世界大战后英国产业结构调整的总结与评价
　　　　　　………………………………………………………（141）
　　第二节　对中国的影响和启示 ……………………………（156）

**参考文献** …………………………………………………………（160）

# 第一章 绪 论

## 第一节 问题的提出及选题意义

2008年国际金融危机爆发后，在欧美等发达国家便达成一个普遍共识，即经济发展模式应从以金融服务业为主导的服务型经济向工业与制造业适当转移，在制造业回归的过程中，实现产业结构的"再平衡"。尤其在金融危机后，西方国家纷纷提出重振工业及制造业的计划，其解决的根本问题在于对失衡产业结构的调整。

英国是产业结构演进及调整的积极国家。自第二次世界大战后，英国面临的经济增长问题和产业结构问题十分突出，最明显的问题主要表现为产业竞争力下降、国际经贸地位下滑及生产率水平[①]的降低。之所以称为"积极"，是因为面对严峻的国际及国内经济发展形势，英国已不断从宏观和微观层面做出积极的政策性调整，主要包括宏观经济政策和政府产业政策的宏观调控及企业层面的微观调控。当然，英国产业结构的失衡问题由来已久。自第二次世界大战后，伴随着英国工业大国的地位被逐步取代，且制造业逐渐被美国、法国及德国等发达工业国家赶超，英国逐渐意识到

---

① 英国经济发展中一直未曾摆脱的一个问题是"生产率之谜"。自2008年全球金融危机爆发以来，英国的生产率增长无论在现在的绝对数量上，还是与之前相较，都非常缓慢。但这一缓慢的生产率增长与不断复苏的英国产出和就业等现象相悖，使国家在进入新的创新阶段过程中，技术上的创新没有从根本上提高生产率水平。对英国来说，不断增加的商品和服务贸易不但没有促使生产率按照金融危机前的增长轨迹发展，反而出现了不断下滑态势，这种情况被经济学家称为"生产率之谜"。

本国产业结构不合理乃至走向失衡给本国经济带来的严重后果。所以，第二次世界大战后为促进本国经济复苏和增强国际竞争力，英国在复杂多变的国际局势、新市场环境和激烈的竞争规则下不断调整经济政策，其中最主要的政策即对产业结构的调整。

英国产业结构失衡的宏观表现主要存在于三个方面，即"英帝国"的解体和"世界工厂"地位的丧失、欧共体/欧盟对英国制造业及贸易地位的影响冲击，以及英国的加速"去工业化"。通过分析英国产业结构的失衡及相应调整，发现英国产业结构调整要实现的最终目标在于，通过实现资源和生产要素的优化配置及产业结构的"再平衡"，提高一国的生产率水平，进而高效率地促进经济增长和一国民众的生活水平。[①]

在英国经济发展过程中，对产业结构调整的重视和正式的学术研究基本始于第二次世界大战后。产业结构调整问题之所以成为经济学研究中持续研究的热点问题，正是因为产业结构及其相关问题切实关系着一国产业的发展方向、产业竞争力、经济发展潜力及民众的生活水平等重要问题。而对英国来说，深入分析第二次世界大战后产业结构调整问题，具有独特的价值及理论现实意义。

首先，产业结构调整问题具有十分重要的理论意义和实践意义。

理论上的重要性主要存在于以下三个方面。第一，产业结构的调整是实现生产要素及资源优化配置的有效手段。霍利斯·钱纳里[②]指出，产业结构的变动是促进经济增长及生产率提高的重要因素。因各部门生产率水平不同，当生产要素从生产率较低的部门流向生产率较高的部门时，生产要素可以在部门间进行重新配置，进而促进生产率水平的提高。第二，产业结构调整与经济增长相互影响。对产业结构变动与经济增长关系的研究最早始于克拉克和库兹涅茨，两位学者指出产业结构变动与经济增长相伴而生，是经济增长的本质原因。第三，产业结构调整是实现产业结构优

---

① Vittorio, V. and S. Donatella, "Structural change and economic development in China and India," *European Journal of Comparative Economic* 6, No. 1 (2009): 101—129.

② 霍利斯·钱纳里：《工业化和经济增长的比较研究》，上海三联出版社，1995，第16页。

化，进而实现产业结构高级化和合理化的重要载体。李耀新和乌家培①从生产要素组合原理、平衡原理、替代原理三个方面对产业结构调整的实质进行了理论分析，指出最大限度地发挥生产要素的经济和技术优势、实现产业间生产要素配置的优化是产业结构调整的根本所在。

而在实践层面上，产业结构调整重要性也十分突出。第一，在市场经济中，调整产业结构，促进生产要素的合理流动，深入挖掘经济增长的潜在动力，是目前世界各国亟待解决的重要问题。尤其在金融危机后，新自由主义极力倡导的以服务业为发展中心的"新经济"②或"知识经济"发展模式受到严重冲击，而实现强大工业的发展，是经济稳定、就业稳定及社会稳定等的重要保障。鉴于此，欧美等发达国家纷纷提出重振制造业、实现产业结构"再平衡"的结构调整计划。第二，处于工业化发展阶段的新兴经济体国家可以从中汲取更多的经验教训。从国际及国内政治经济角度出发，一国在某一发展阶段，其工业和服务业处于怎样的比重才算合理？对工业和服务业的偏向应做出何种选择？如何判断产业结构是否处于平衡状态？在产业结构失衡的情况下，又该如何实现产业结构的"再平衡"及进一步的合理化和高级化？这一系列问题都可以从对目前英国产业结构调整问题的研究中得到合理的解释，这对处于结构性调整阶段并亟须做出结构性转型的中国来说也具有十分重要的借鉴意义。

其次，产业结构调整问题具有十分重要的现实意义。英国产业结构调整问题之所以具有独特的现实意义，是因为英国在此方面不仅具有代表性经验，而且是英国当下自身发展的需要。

第一，在产业结构调整方面，英国具有代表性经验。

英国既是工业革命的发源地，是引领世界走向工业化进程的先驱，也是"去工业化"速度最快、走向金融服务化经济模式的"带头人"。联合国工业发展组织（UNIDO）统计数据显示，1860年，英国制造业产出份额

---

① 李耀新、乌家培：《产业结构调整中的生产要素配置原理》，《经济学家》1994年第5期。
② OECD, "Measuring the Information Economy," Paris (2002).

占世界总产出份额的20%，而人口仅占世界总人口比重的2.5%；1870年，英国制造业出口已占到世界总贸易额的46%，其"世界工厂"的霸主地位无任何一国可以企及。而第二次世界大战后的英国却经历了快速的"去工业化"进程。UNIDO统计数据显示，1990—2010年，英国制造业附加值占GDP比重下降2.4个百分点，是主要发达国家中下降幅度最大和制造业附加值占比最低的国家。针对日趋下滑的国际经济地位，英国在复杂的国际政治经济环境中进行了一系列产业结构调整。其调整手段主要包括产业政策调整、宏观经济政策调整，而调整内容主要涉及三个方面，即实现对产业结构失衡的"纠偏"、产业结构合理化和高级化、提高生产率水平。事实上，英国产业结构调整的过程是不断"试错"的过程，鉴于此，英国在产业结构调整方面积累了许多可供借鉴的经验和教训。

而伴随着英国工业大国地位被不断赶超，第二次世界大战后的英国通过调整宏观经济政策、产业政策等不断调整产业结构，不论是成功改革的经验还是失败的教训，对其他国家现今面临的产业结构调整问题都具有借鉴意义。

第二，对产业结构的调整满足英国自身发展的需要。

产业结构调整问题对现今的英国是亟待厘清的重要问题。2017年2月，英国正式发布《英国脱欧白皮书》[①]，按照"脱欧"议程，英国于2017年3月底触发《里斯本条约》第50条，正式启动"脱欧"程序。为缓解"脱欧"给本国经济及经贸市场环境带来的冲击，并能够快速提升英国产业竞争力及推动科技创新，英国政府于2017年1月正式发布了《打造我们的工业战略》[②]，提出了振兴英国工业的十大产业政策支柱，并以此作为平衡产业结构、提高劳动生产率及民众生活标准，进而重塑英国经济的重要基础支撑。但英国面临的一个严峻现实是，"脱欧"后所面临的全球经贸市场环境将发生重大改变，这与第二次世界大战后英国鉴于经济的考

---

① HM Government，"The United Kingdom's exit from and new partnership with the European Union"（2017）.

② HM Government，"Building our industrial strategy（Green Paper）"（2017）.

量而选择加入欧共体有异曲同工之处。而区别在于，现今英国即将选择退出欧洲单一市场，英国经贸市场势必面临再次缩小的风险。那么，鉴于历次产业结构调整的经验，及时对处于严峻挑战下的产业结构做出适当调整及采取恰当的产业政策、经济政策，是英国当下的重中之重。

第三，国内外缺乏对英国产业结构调整的全面性研究。

目前，国内对英国关于此问题的研究少之又少，主要存在两个角度的研究。一是对英国产业结构调整的经验及做法的研究，从三次产业结构的比重说明英国产业结构的演进与经济发展的经验[①]。二是通过产业结构的国际比较，分析一国发展的新经济增长点，也为以我国为首的发展中国家的产业结构演进和结构性调整提供经验性借鉴[②]。国外对英国产业结构方面的研究主要体现在几个方面，即产业政策、生产率水平的国际比较、英国衰落的原因等。这些研究并没有将英国产业结构为何而调、怎么调及调整效果如何的问题充分融合而进行充分分析。这也是本书展开论述的一个重要影响因素。

## 第二节 国内外研究现状

产业结构调整问题会成为经济学研究问题的重中之重，一个非常重要的核心本质在于它是制约经济发展的核心问题。经济学家一般认为，产业结构变迁在经济发展的不同阶段，在从一种产业结构向另一种产业结构过渡过程中，是经济发展的标志。也就是说，经济进步发展的过程是产业结构不断变迁和变化的过程。但值得注意的是，这种经济的发展既有可能是前进，也有可能受到抑制。而经济发展受到产业结构的抑制时，产业结构

---

[①] 张大岭、王鲁豫:《英国工业结构调整的主要做法和借鉴》,《改革与理论》1999年第2期, 第55—58页。
康华、陆扬:《英国产业结构调整经验可鉴》,《全球科技经济瞭望》2000年第3期, 第23—25页。

[②] 景跃军:《英国、德国与美国三次产业结构比较分析》, 中国区域人口与发展学术研讨会会议论文, 2005。

就需要进行适当调整。调整过程中，不论是借助市场机制，还是政府大力干预，其调整过程都会推动产业结构的合理化，即产业结构的优化过程。① 围绕产业结构及产业结构调整问题，本书主要从产业结构调整动因、产业结构调整路径及产业结构调整对经济的影响和冲击三个主要层面进行文献梳理。

一、产业结构调整动因

国内一些学者主要从产业结构调整与经济波动之间的关联角度研究产业结构调整动因。彭冲和李春风等②从产业结构合理化和产业结构高级化两个维度，采用面板向量自回归模型，实证分析了产业结构调整对经济波动的动态影响，从长期看，认为产业结构合理化调整对经济波动具有一定的"熨平效应"，经济波动能进一步促进产业结构进行合理化调整，而产业结构高级化对经济的长期增长具有正向的推动效应。干春晖等③指出，产业结构变迁是经济发展中主导产业部门的轮流更替和不断产生创新的过程。在这一循环更替过程中，产业部门间的生产率差距较大，伴随着生产要素在产业部门间的流动转移，在从低生产率部门向高生产率部门转移过程中，产业结构的变动会带动整个社会生产力水平的提高，进而实现经济的进一步增长。李猛④在对产业结构与经济波动的关联性研究中指出，产业结构调整会对宏观经济稳定形成一定的冲击，而中国经济15%—20%的波动应归因于产业结构的调整冲击。

国外学者对产业结构调整动因研究颇多。道布斯（I. M. Dobbs）等⑤从技术转型升级会影响要素需求弹性，进而影响到结构调整过程的角度进行

---

① 原毅军、董琨：《产业结构的变动与优化》，大连理工大学出版社，2008，第2页。
② 彭冲、李春风、李玉双：《产业结构变迁对经济波动的动态影响研究》，《产业经济研究》2013年第3期，第91—100页。
③ 干春晖、郑若谷、余典范：《中国产业结构变迁对经济增长和波动的影响》，《经济研究》2011年第5期，第4—16页。
④ 李猛：《产业结构与经济波动的关联性研究》，《经济评论》2010年第6期，第98—104页。
⑤ Dobbs, I. M., Hill, M. B., Waterson, M., "Industrial Structure and the Employment Consequences of Technical Change," *Oxford Economic Papers*, New Series, No. 39 (1987): 552—567.

分析，指出尤其在开放的自由竞争市场上，国际竞争会更加彰显出一些本地产业的脆弱性。例如，较为封闭的产业如印刷业，会比较为开放的汽车、电子产业更加脆弱，更加缺乏竞争优势。而这些抵制技术改变和转型升级的行业部门也是产业进行调整的部分原因。佩·林德伯格（Per Lindberg）、克里斯托弗·沃斯（Christopher A. Voss）[1]在《国际制造业战略》一书中，从三方面指出英国加入欧共体后进行产业结构调整的原因，即制造业竞争力下降、自由竞争加剧及英国相对较低的产出，阐述了英国20世纪80年代产业政策的调整及制造业下降而金融服务业大幅度发展的原因。

艾尔蒂斯（Eltis, W.）[2]从英国制造业生产力下降、缺乏竞争力的角度阐释了英国不得不进行产业结构调整的原因。艾尔蒂斯指出，英国经济的衰落、制造业生产力的下降很大一部分原因在于产品更新换代能力太弱，而伴随高科技贸易市场的迅速发展，英国大量投资的主要目的大多在于削减成本，所以导致制造业发展缓慢、失业率提升，如此恶性循环下去，英国经济又从复苏中逆转回去。另一些学者将英国制造业竞争力的缺失归咎于人力资源的弱化，如劳动关系紧张、罢工频发、缺乏工作技能技巧等。基特森（Kitson）和米基（Michie）[3]从三个方面指出了英国进行结构性调整的原因：一是低产出、高劳工成本。作者指出，相对工资而言，较低的劳动力附加值导致资本回报率低，而真实工资水平却与法国、德国相近。二是较低的劳工技能。与美国、德国等国家相比，英国的劳工技能相对较低，这也是英国制造业被其他国家赶超的重要原因。企业对员工职业培训、技能培训等缺乏投入。三是公司管理能力较差。针对企业管理能力的问题，英国在新一轮产业结构调整中专门就此提出了解决的方式，即

---

[1] P. Lindberg and C. A. Voss, *International Manufacturing Strategies* (Kluwer Academic Publishers, 1998).

[2] Eltis, W., "How Low Profitability and Weak Innovativeness Undermined UK Industrial Growth," *Economic Journal* 106 (Jan. 1995): 184—195.

[3] Kitson, M. and Michie, J., "Britain's Industrial Performance since 1960: Underinvestment and Relative Decline," *Economic Journal* (1996): 198—214.

建立有效率的管理和领导层供给链及网络组织，进而增加管理层和领导层技术需求。[1]

## 二、产业结构调整路径层面

对产业结构调整路径方面的研究大多集中在两个方面，即产业政策演绎和制度经济学视角。

### （一）对产业政策实施必要性的争论

关于产业政策的研究主要集中在三个层面中。第一，国家和政府是否应该实行干预性产业政策。诺兰（Noland）和帕克（Pack）[2]、帕克和萨吉（Saggi）[3]从政府干预无效角度出发，认为国家和政府不应该实行干预政策。但是，另一些学者认为国家有必要实施产业政策。世界银行在1991年的《世界发展报告》中指出，政府和市场之间应保持平衡，缺乏政府制度框架的市场是无意义的，而且政府的存在能有效带动一国的竞争力和生产力。胡永泰等[4]指出，一国经济发展中应实施政府兼容的贸易政策，不能过度放任。詹姆斯·迪茨（James Dietz）指出，发展中国家实施产业政策的重要性，产业政策要充分考虑到一国面临的国际环境的现实。第二，对产业政策重点扶持的产业的争论。罗瑞克（Rodrik）[5]认为产业政策应该为具有比较优势的产业部门服务，而林毅夫和张夏准[6]、韦德（Wade）[7]、

---

[1] UK Commission of Employment and Skills, "The UK Futures Programme Competition Brief: Management and Leadership in Supply Chains and Networked Organisations" (June 2014).

[2] Noland, M. and H. Pack, *Industrial Policy in an Era of Globalization: Lessons from Asia* (Washington D. C.: Institute for International Economics, 2003).

[3] Pack, H. and K. Saggi, "Is There a Case for Industrial Policy? A Critical Survey," *The World Bank Research Observer* 21, No. 2 (2006): 267—297.

[4] Sheffrin, S. M. and Woo, W. T., "Present Value Tests of an Intertemporal Model of the Current Account," *Journal of International Economics* (1990): 237—253.

[5] Rodrik, D., *Industrial Policy for the 21st Century* (Cambridge: Harvard University Press, 2004), p. 56.

[6] Lin, J. and Chang, H. J., "Should Industrial Policy in Developing Countries Conform to Comparative Advantage or Defy It?" *Development Policy Review* (2009): 483—502.

[7] Wade, R., "After the Crisis: Industrial Policy and the Developmental State in Low-income Countries," *Global Policy* (2010): 150—161.

辛格（Singh）[①]都认为政府产业政策应该服务于能够带来高附加值收益的产业。第三，从强化竞争力和企业角度分析，菲利普·阿吉翁（Philippe Aghion）[②]认为，尤其是发展中国家，部门援助政策能在很大程度上促进部门生产力和竞争力增长。同时，他指出，中国在1998—2007年，通过政府补贴或税收政策可以有效保护年轻产业的进入和生产力增长。

亚瑟·奈特（Arthur Knight）[③]在《20世纪80年代的英国产业》一文中指出，政府在经济发展中起到不可替代的作用，政府的适当干预和产业政策调整会在一定程度上改善产业生产力绩效，英国工业竞争力的下降与产业政策密切相关，相比德国等其他发达国家在产业发展中采取的措施和干预、提升产业竞争力的做法，一味地自由放任、缺乏合理的企业管理、缺乏创新竞争动力的举措是英国逐渐被德国赶超的重要原因。2008年金融危机后，英国政府提出"新产业政策路径"[④]及一系列重塑未来制造业发展的产业战略，指出政府应强化横向政策，突出优势部门的部门政策，同时强调政府要充当好监管者和消费者的角色。

对英国来讲，其产业政策实施的合理性也一直存在争议。争议的焦点在于是奉行自由主义还是政府干预主义，是坚持市场自发调节还是对产业结构进行适当管制。对此，在20世纪80年代后，伴随着经济全球化和国际分工形势的增强，新自由主义经济发展模式占据国家经济政策和产业政策的主导地位，而直接干预式的产业政策逐渐式微，取而代之的是开放经济条件下的自由竞争政策和一系列的鼓励创新政策。但直至2008年的国际金融危机，学界又一次掀起对产业政策合理性的争论潮。

---

[①] Singh, A., "Comparative Advantage, Industrial Policy and the World Bank: Back to First Principles," *Policy Studies* (2011): 447—460.
[②] Philippe Aghion, "Industrial Policy and Competition," *NBER Working Paper*, NO.18048 (2012).
[③] Arthur Knight, "UK Industry in the Eighties," *Fiscal Studies* (1981): 1—14.
[④] HM Government, "New Industry, New Jobs – one year on" (London: The Stationery Office, 2011).

### （二）交易费用和交易成本对产业结构调整的约束

国内外一些学者从交易费用及交易成本角度分析产业结构调整的相关问题。曼瑟·奥尔森[①]在《权力与繁荣》一书中，基于政府、个人等行为体是自利、理性人的角度，利用交易成本理论分析工具来分析各行为体做出决策的依据。而加里·贝克尔（Gary Becker）[②]通过建立一个理论结构来进一步分析交易成本或费用对再分配结果的影响。同时，奥尔森认为政府在市场发展中起着至关重要的作用。贝克尔指出，再分配的过程也是减少交易损失的过程，因为伴随着政治交易的过程，其更多的收入可以用来分享，而拥有更多政治权力的集团可能会影响到再分配的结果。不过，会有在帕累托有效的基础上选择经济政策以获得合适的收入再分配结果的倾向。这至少大致上会是有效的再分配。熊德平和冉光和[③]在《农业产业结构调整》一文中从制度经济学角度，运用交易成本分析工具，从理论上解释了产业结构调整中的产业发展与扩张，并结合中国农业产业结构调整的实际背景，在制度经济学定义基础上，提出了中国农业产业结构调整的制度和政策创新的起点与路径。

## 三、产业结构调整对经济的影响和冲击层面

自柯林·克拉克（Colin G. Clark）和西蒙·史密斯·库兹涅茨（Simon Smith Kuznets）等学者对产业结构与经济增长的关系做出研究后，大量学者曾就产业结构对经济增长的效应做出研究，主要从产业结构变动与生产率的增长关系和制造业对生产率增长的影响两个角度进行了研究。

### （一）产业结构变动与生产率增长

对产业结构的研究，克拉克和库兹涅茨等早期经济学家已做出阐释。

---

[①] 曼瑟·奥尔森：《权利与繁荣》，上海世纪出版社，2014，第45页。
[②] Gary Becker, *The Myth of Democratic Failure: Why Political Institutions are Efficient* (Chicago: Universtiy of Chicago press, 1995).
[③] 熊德平、冉光和：《农业产业结构调整——制度经济学的解释、定义与建议》，《福建论坛·经济社会版》2002年第10期，第32—35页。

登申（Dension）①、麦迪逊（Maddison）② 和霍利斯·钱纳里（Hollis B. Chenery）等通过实证表明，产业结构是促进经济增长和提高生产率的一个重要变量。赫尔普曼（Helpman）③、尼尔森（Nelson）和帕克④等在其经济增长理论模型中引入产业结构因素。维托里奥（Vittorio）和多娜泰拉（Donatella）⑤也在研究中指出，促进经济增长的要素主要存在两个，即增加要素投入和提高生产率。但伴随着各国工业化的相继完成和生产要素的有限性，通过增加要素投入和以量取胜的经济增长模式已不断被快速的科技发展所取代。所以，维持经济长期可持续增长的重点就落在了提高生产率上。然而，新古典经济增长理论强调资本积累、劳动力增加和技术进步在经济增长中的长期作用，而需求变化、产业间及产业部门内部的生产要素流动被认为是不重要的，因此也忽视了行业间存在生产效率差异的现实。为弥补这一不足，霍利斯·钱纳里⑥指出，产业结构的变动是促进经济增长及提高生产效率的重要因素。

在此研究基础上，国内外多位学者通过"结构红利假说"⑦来验证产业结构变动调整与生产率增长和经济增长的关系。索尔特（Salter）⑧通过研究英国 1924—1950 年的 28 个制造业行业，发现产业结构变化对英国生

---

① E. F. Dension, *Why Growth Rates Differ: Post-war Experience in Nine Western Countries* (Washington D. C.: Brookings Institution, 1967).

② A. Maddison, "Growth and Slowdown in Advanced Capitalist Economies: Techniques of Quantitative Assessment," *J. Econ. Literat* (1987): 649—698.

③ E. Helpman, *Innovation and Growth in the Global Economy* (Cambridge: MIT Press, 1991).

④ R. R. Nelson and H. Pack, "The Asian Miracle and Modern Growth Theory," *Econometrica* (1999): 416—436.

⑤ Vittorio, V. and S. Donatella, "Structural Change and Economic Development in China and India," *European Journal of Comparative Economic* 6, No.1 (2009): 101—129.

⑥ 霍利斯·钱纳里：《工业化和经济增长的比较研究》，上海三联出版社，1995，第16页。

⑦ 在非均衡经济条件下，生产要素禀赋会从生产率较低的部门向生产率较高的部门转移，这种由生产要素流动而形成的产业结构变化，进而带动生产率增长的现象即为"结构红利假说"（Structural Bonus Hypothesis）。

⑧ W. E. G. Salter, *Productivity and Technical Change* (Cambridge: Cambridge University Press, 1960).

产率增长具有显著影响。费格伯格（Fagerberg）①、蒂默（Timmer）和西尔毛伊（Szirmai）②对此做出具体研究，指出产业结构变化对生产率增长的主要贡献在于内部结构效应。而彭德（Peneder）③实证指出，产业结构改变是宏观经济增长和发展过程中的重要因素变量，他通过偏离－份额分析法④研究了英国 1989—1999 年三大产业间的结构变化，认为产业结构变化对英国产生负的静态转移效应和动态转移效应，而内部增长效应对经济增长贡献居多，1989—1999 年英国平均劳动生产率增长为 1.71%，若刨除"结构红利假说"因素，英国平均生产率增长可能仅有 0.16%。对于产业结构调整对生产率增长的影响效应，吕铁⑤根据"结构红利假说"指出，一国如果致力于发展那些技术含量高且进步快的产业，那么本国较它国而言会有更高的生产率增长水平。也就是说，在相同要素投入下，高技术产业国会有更高的生产率。吕铁利用偏离－份额分析法对中国制造业进行了结构分析，认为增加电子及通信设备行业等高技术、高生产率行业的投入比重能够显著促进劳动生产率的增长。李小平和卢现祥⑥利用不断改进的偏离－份额分析法检验了中国制造业 1985—2003 年的结构变动与生产率增长的关系，指出制造业行业之间因生产要素未及时流动，而未导致显著的"结构红利假说"现象。干春晖和郑若谷⑦利用偏离－份额分析法分析了中

---

① J. Fagerberg, "Technological Process, Structural Change and Productivity Growth: A Comparative Study," *Structural Change and Economic Dynamics* (2000): 393—411.

② M. Timmer and A. Szirmai, "Productivity Growth in Asian Manufacturing: The Structural Bonus Hypothesis Examined," *Structural Change and Economic Dynamics* (2000): 371—392.

③ Peneder, M., "Structural Change and Aggregate Growth," *WIFO Working Paper*, No.182 (2002).

④ 偏离－份额分析法（Shift - share Method）是最早由法布里坎特（Fabricant）于 1942 年提出并经马塞尔（Massell）在 1961 年扩展的方法，通过将总的生产率增长分解成三个分量，即静态转移效应、动态转移效应和内部增长效应，用以具体测量结构变化所带来的结构效应。

⑤ 吕铁：《制造业结构变化对生产率增长的影响研究》，《管理世界》2002 第 2 期，第 87—94 页。

⑥ 李小平、卢现祥：《中国制造业的结构变动和生产率增长》，《世界经济》2007 年第 5 期，第 52—64 页。

⑦ 干春晖、郑若谷：《改革开放以来产业结构演进与生产率增长研究——对中国 1978—2007 年"结构红利假说"的检验》，《中国工业经济》2009 年第 2 期，第 55—65 页。

国改革开放以来的产业演进与生产率增长的关系,发现生产率增长主要源自产业内部,尤其是制造业内部。

(二)产业结构调整对宏观经济的冲击

张浩然和衣保中①利用经验分析法,借助空间面板数据验证了产业结构变动与就业增长的关系,指出产业结构的快速调整,特别是增量结构的快速调整对城市就业具有显著的促进作用。本书借助 TSTR 指数(产业结构变动强度)和 ExcChurn 指数(产业间生产要素重新配置的强度)测度了产业结构的调整强度,从而分析了能够带动经济增长的主导和优势产业。艾根(Aigenger)等②认为,产业结构的调整变动对经济发展具有双向效应。他们指出,产业结构调整可以分为主动调整和被动调整,而能够根据本国需求和国际市场的需求及要素禀赋的变化做出积极主动调整的国家,要比那些在受到经济冲击威胁而被动做出结构调整的国家发展得好。格莱塞(Glaeser)③通过对波士顿 1630—2003 年的案例研究,认为城市的长期发展主要在于其能够迅速调整产业结构的能力,即根据各种需求、偏好及技术的发展变动而做出积极的调整是促进经济发展和转型升级的关键。

乔治·雷(George F. Ray)④通过分析英国 1975—1980 年各产业部门权重和 GDP 比重的变化,客观阐述了英国 1975—1980 年的产业结构变动情况。文中指出,英国在此期间的"去工业化"现象十分明显,制造业大多数产业部门占 GDP 比重相对下降 5% 或 7% 不等,而在 1980—1982 年,趋势更加明显,除了石油和天然气比重大幅上升以外,其他制造业产业在两年期间下降近 9% 的份额。然而,服务业比重不断上升,对国家经济的

---

① 张浩然、衣保中:《产业结构调整的就业效应:来自中国城市面板数据的证据》,《产业经济研究》2011 年第 3 期,第 50—55 页。

② Aiginger, K., Hutschenreiter, G. and Marterbauer, M., *Structural Change and Economic Growth* (2001).

③ Glaeser, E., "Reinventing Boston: 1630—2003," *Journal of Economic Geography* (2005): 119—153.

④ George F. Ray, "Changes in Industrial Structure," *National Institute Economic Review* (1984): 50—53.

提升作用更加明显。同时，文中分析了1975—1980年各产业部门权重的升降情况。权重降低最为明显的是人造纤维、黑色金属，降低50%以上；采掘业、纺织、造船业等平均降低28%左右；汽车、服装等降低9%左右。权重升高最为明显的是饮料、烟草行业，上升34%；航空航天业、水泥、食品行业相对升高21%；电子工程、化工、印刷升高13%左右。乔治·雷从宏观角度客观地分析了英国产业结构变动对宏观经济的影响。

（三）产业结构调整与要素配置效率

王鹏和尤继红[①]采用全要素生产率分解法，探讨了1978—2013年中国劳动和资本要素在三次产业结构调整中的配置效率，并对其配置的"结构红利假说"进行了再检验。文章指出，三次产业间的资本边际产出率呈现收敛趋势，至2013年，从高到低分别为第三产业、第二产业和第一产业。而劳动边际产出率却出现发散，第二产业远高于第三和第一产业。研究发现，中国资本和劳动要素均具有显著的"结构红利"效应，但资本要素的红利效应比较微弱，产业内部增长效应是TFP增长的主要源泉。李耀新和乌家培[②]从生产要素的组合原理、平衡原理和替代原理三大方面进行理论分析，指出产业结构调整的实质在于实现产业间生产要素的优化配置，提高生产率，以便最大限度地发挥生产要素的经济和技术优势。

本章节主要从产业结构调整动因、产业结构调整路径及产业结构调整对经济的影响和冲击三个层面对产业结构调整问题的研究进行了国内外文献的综述。通过文献综述发现，对产业结构调整问题的研究，大多数文献聚焦于对中国产业结构变动调整及经济增长问题的研究，而涉及英国产业结构调整的文献则少得多。针对英国产业结构调整问题，国内文献主要研究的是英国产业结构演进历程、调整经验等，国外对英国产业结构问题的研究大多停留在20世纪80年代，或者说20世纪80年代以前对英国产业

---

① 王鹏、尤继红：《产业结构调整中的要素配置效率——兼对"结构红利假说"的再检验》，《经济学动态》2015年第10期，第70—80页。

② 李耀新、乌家培：《产业结构调整中的生产要素配置原理》，《经济学家》1994年第5期，第61—74页。

问题研究较多,主要研究的是英国三次产业结构的演进历程、生产率下降的原因、从制造业结构变动分析英国经济增长及英国服务业经济的发展等,但仍旧存在不足之处。

本书在前人研究基础上,对第二次世界大战后英国的产业结构调整问题分阶段进行全面梳理和综合研究,不仅是对英国产业结构演进和调整问题的总结归纳,更是为英国未来的产业结构调整和经济发展提供有力依据。

## 第三节 本书创新点及不足

### 一、本书的创新之处

本书重点研究的是第二次世界大战后英国的产业结构调整问题,在众学者研究的基础上,本书的特色和创新之处主要存在于以下四个方面。

第一,本书借助泰尔指数(TL)和产业结构高级化指数(TP)分别将英国产业结构的合理化程度和高级化进程进行了适当量化,在一定程度上给出了英国产业结构的"不平衡"程度的初步判断,这在目前研究英国产业结构问题的文献中几乎没有涉及。

第二,本书全面分析了第二次世界大战后英国产业结构失衡的动因和实质根源,并将欧共体/欧盟作为英国产业结构变动调整的一个重要影响因子,客观分析了欧共体/欧盟对英国经济及制造业发展的冲击,目前为止,国内对此很少涉及。

第三,本书其中一个主要研究特色在于按照时间序列进行研究,但并非是对英国产业结构变动演进的简单顺序研究,而是按照"过去、现在、未来"这"三部曲"对英国产业结构调整问题进行详细研究,在对比分析的基础上,对英国产业结构调整的未来方向进行归纳总结。

第四,本书从两个维度对英国产业结构调整问题进行研究。一是产业政策和宏观经济政策维度;二是基于"结构红利假说"理论,通过偏离-

份额分析法,细致分析英国产业结构演进及变动调整所带来的生产率变动。通过对劳动生产率增长进行分解,进而分析出英国目前产业经济发展的增长点。基于这两个维度的分析,本书将现实和理论充分融合,合理地分析出英国产业结构调整中面临的问题和实际挑战,进而可以对英国未来的产业结构调整提供一定的可行性借鉴。

## 二、本书的不足之处

第一,研究中可能遇到的最大困难在于数据的搜集。鉴于本书对英国产业结构研究的起点是第二次世界大战后,诸如第二次世界大战后英国各细分产业的相关指标收集难度很大,甚至缺乏相关数据。本书力求保证英国产业结构调整方面数据的完整性,但体现在研究中,仍有欠缺的地方。

第二,鉴于研究的需要,本书大部分篇幅主要集中于对制造业的研究,对服务业的研究相对较少。其中一个主要原因在于,英国产业结构出现失衡问题主要是由于英国不合理的快速"去工业化"和制造业的萎靡不振。所以,本书对英国二次、三次产业的研究有所偏重,但在研究过程中已尽量进行调整。

# 第四节 主要内容及研究框架

## 一、研究思路和主要内容

除第一章"绪论"外,本书主要分六个章节对第二次世界大战后英国产业结构调整问题进行深入、系统的研究。

第二章主要是对英国产业结构调整研究相关概念的界定,阐述其相关的理论基础和本书的分析框架思路。本书主要建立在"结构红利假说"理论基础上,利用偏离-份额分析法对产业结构演进过程中产生的结构效应和内部效应展开分析,尤其是对制造业内部结构变动产生的效应进行分析。

第三章主要分析英国产业结构调整的背景动因。自第二次世界大战后，英国经历了三个需要进行产业结构调整的重要阶段，即第二次世界大战后、加入欧共体和金融危机后。不同阶段英国面临的国内环境、国际环境及竞争力都有很大变化。本书认为英国在此三阶段产业结构调整的主要动因在于："英帝国"的解体及"世界工厂"地位的丧失、欧共体/欧盟对英国产业及贸易经济的冲击和英国的快速"去工业化"。

第四章主要分析英国产业结构调整所采取的主要措施。调整过程主要分为三部分，即政府产业政策在产业结构调整中的表现、宏观经济政策（货币政策和汇率政策）对产业结构调整的作用及英国新型的现代化"再工业化"政策。

第五章阐释英国产业结构调整的实质。产业结构调整本质在于实现资源的重新配置，以此对失衡的产业结构进行"纠偏"。英国历次产业结构调整都伴随着产业结构的严重失衡，为提高本国经济竞争力和整体生产率水平，英国不断调整产业结构，进而实现产业结构的"再平衡"和转型升级。

第六章主要分析英国产业结构调整的绩效表现。绩效表现主要表现在对宏观经济的影响，如一国产出、就业及劳动生产率水平方面，更主要的是产业结构在演进和调整中所产生的结构转移带来的变动效应和内部效应。另一重要的绩效影响即国际综合竞争力的影响，通过比较一国国际生产率水平、国际经贸地位和国际工业竞争力等来分析结构调整后的变化情况。

第七章主要涉及三部分，一是对英国产业结构调整的总结及未来调整的前景展望；二是分析对中国产业结构演进发展的启示；三是分析本书亟待深入研究的其他问题。

## 二、本书主要研究框架

本书的逻辑思路和研究框架如图1-1所示：

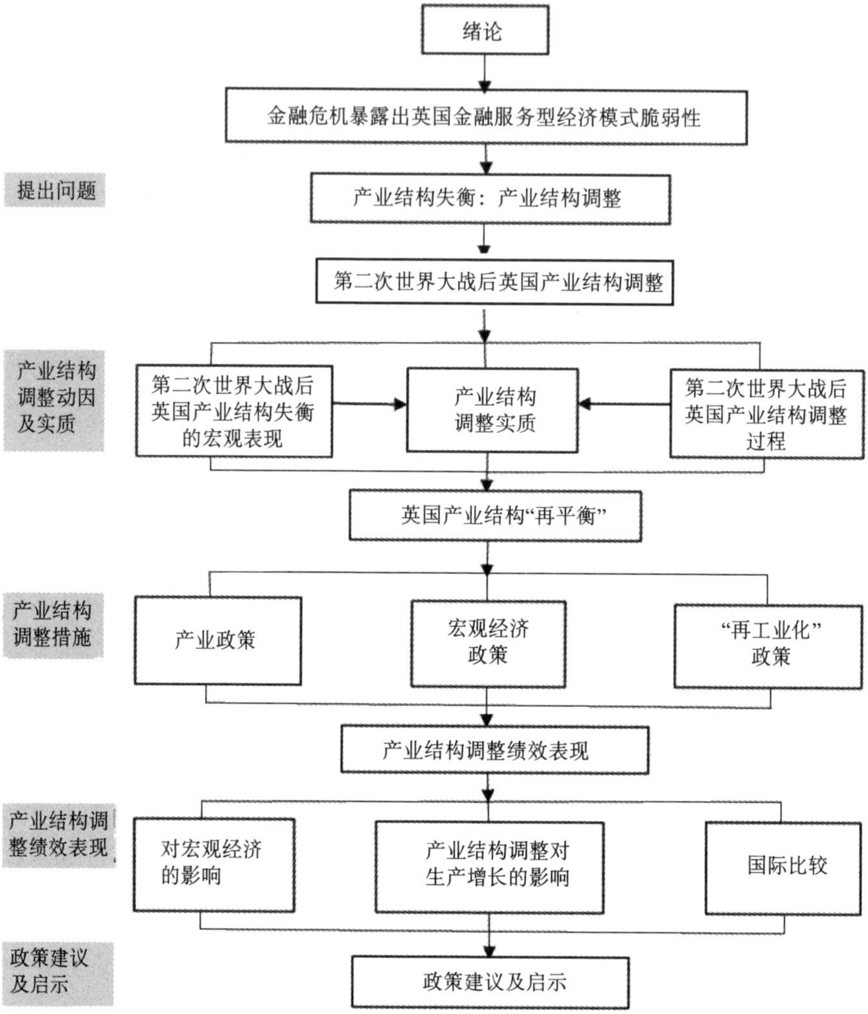
绪论
金融危机暴露出英国金融服务型经济模式脆弱性
提出问题
产业结构失衡：产业结构调整
第二次世界大战后英国产业结构调整
产业结构调整动因及实质
第二次世界大战后英国产业结构失衡的宏观表现
产业结构调整实质
第二次世界大战后英国产业结构调整过程
英国产业结构“再平衡”
产业结构调整措施
产业政策
宏观经济政策
“再工业化”政策
产业结构调整绩效表现
产业结构调整绩效表现
对宏观经济的影响
产业结构调整对生产增长的影响
国际比较
政策建议及启示
政策建议及启示

**图 1-1 本书基本架构**

# 第二章 理论基础和概念界定

## 第一节 基本概念界定

一、产业

"产业"(Industry)的概念和内涵,是伴随着社会生产力的逐步充实发展而形成的。它作为一种社会分工的现象及经济单位,是研究产业结构问题首先应该界定清楚和解决的问题。但在英文中,"产业""工业"及"行业"都可称为"Industry",所以产业的概念往往比较模糊,这也意味着,给予"产业"特定的定义十分必要。从理论上说,"产业"应是介于宏观经济和微观经济之间的中观经济。其作为经济发展中的一个单位,既是国民经济的发展组成,也是同类企业的集合。

产业的产生、形成和发展同社会分工息息相关。人类历史上的三次产业大分工,实际上已经形成了农业、工业和服务业这三大产业,而进一步的特殊分工,又将农业细分为种植业、畜牧业、林业和渔业;工业内部分为冶金、造船、机械、电子、食品、纺织等产业;服务业分化为商业、金融、通信、旅游等更为狭义的产业。伴随着产业的形成,产业的发展问题也接踵而至,这与经济发展中的产业结构密切相关。[1]

产业的发展不仅是经济结构长期动态演进的结果,也是遵循自身发展

---

[1] 杨公仆:《产业经济学》,复旦大学出版社,2005,第5页。

规律特征而不断发展的结果。在产业结构发展演进过程中，具有代表性的经济学家包括英国的克拉克①、美国的库兹涅茨②以及德国的霍夫曼（Hoffmann）③。他们的研究对产业的清晰划分及产业的演进发展有不可替代的作用。

### 二、产业分类

产业的分类与产业的概念相同，同样是为特定的研究目的所需要。产业的分类方法有很多，但都是为了进行产业研究和管理，进而按照一定的标准把具有不同特点的产业划分为不同的类型。目前，产业分类方法包含五种，其中两大部类分类法、霍夫曼分类法以及三次产业分类法是普通分类方法，而生产要素分类法及国际标准产业分类法是新兴的分类法。

（一）两大部类分类法

两大部类分类法是马克思为比较不同的物质生产部门所有的相互关系，顺应社会再生产的实现条件而提出的按照生产活动的性质及其产品属性划分为不同产业的分类方法。两大部类分类法将产业划分为生产资料的生产以及消费资料的产业两大部类，前者又分为提供生产资料的部门和提供生活资料的部门，而后者分为生产必要消费品的部门和生产奢侈消费品的部门。

（二）霍夫曼分类法

为区分消费资料产业和资本资料产业进而研究工业化及其发展阶段，德国经济学家霍夫曼④提出了工业发展阶段的衡量标准，即霍夫曼比率⑤。该方法的标准是将75%以上用途用于消费资料的产业产品划归入消费资料

---

① Colin Clack, *The Condition of Economic Progress* (Macmillan, 1951).
② 西蒙·库兹涅茨：《各国的经济增长》，商务印书馆，1985，第118页。
③ Hoffmann, W., *The Growth of Industrial Economies* (*English Translation*) (Manchester: Manchester University Press, 1958).
④ 同上。
⑤ "霍夫曼比率"即消费资料工业净产值与资本资料净产值之比。在霍夫曼划分的四个工业发展阶段中，随着工业化的不断深入，其资本品工业净产值在整个工业净产值中所占的份额会稳定上升。

产业，如食品、饮料及皮革制品等工业；将75%以上用途用于资本资料的产业产品划归入资本资料产业，如冶金及金属材料、机械及化学化工等工业；都不满足这两类的产业归入其他产业之中，如橡胶、木材及造纸印刷等产业。

（三）三次产业分类法

当前，国际上普遍认可且通用的产业分类方法为三次产业分类法。三次产业作为一个经济概念，于20世纪30年代由英国经济学家阿·费希尔（A. Fisher）[①]在其所著的《安全与进步的冲突》一书中首次提出。费希尔指出，人类生产活动的发展存在三个阶段。第一阶段也为初级阶段，即以农业和畜牧业为主的产业在初级阶段中发展成为第一产业；处于第二阶段，以工业生产大规模迅速发展为标志的产业叫作第二产业；处于第三阶段，又吸引大量劳动力和资本流入的产业，如旅游、服务业等，称为第三产业。之后，英国经济学家柯林·克拉克在1940年出版的《经济进步的条件》一书中进一步阐述了"三分法"，后在多国的经济统计中被采纳使用。[②] 三次产业的划分，是社会分工深化和产业结构演进的必然结果。

目前，国际上通用的三次产业分类法将三次产业分为：第一次产业为广义的农业（直接取自自然界的部门，如农业、畜牧业、林业）、第二次产业为广义的工业（对初级产品进行加工的部门，如采矿业、制造业、建筑业）、第三次产业为广义的服务业（为生产和消费提供各种服务的部门，如商业、生活服务业）。各国际组织也都是用农业、工业和服务业来表示三次产业。

（四）生产要素分类法

生产要素分类法是根据一种产品在生产过程中所依赖的生产要素的程度而划分。一般地，生产要素可分为资源、劳动、资本和技术，所以按照

---

① Fisher, A., *The Clash between Progress and Security* (London: Macmillan, 1935).
② 方甲：《产业结构问题研究》，中国人民大学出版社，1997，第7页。

这四种生产要素在生产过程中使用要素的密集程度,可分为资源密集型产业、劳动密集型产业、资本密集型产业和技术密集型产业,其中技术密集型产业也可称为知识密集型产业。

资源密集型产业是指在生产过程中需要消耗大量原材料及燃料的产业,如制糖业、钢铁产业等;劳动密集型产业是指在生产过程中需要消耗大量劳动力的产业,如农、林、纺织、玩具、皮革等工业;资本密集型产业是指在生产过程中投资多、设备先进且资本有机构成较高的产业,如电力业、机械制造业等;技术密集型产业是指在生产过程中对技术或者智力要素依赖较高的产业,如电子信息、航空航天及新材料等产业。

(五)国际标准产业分类法

这一分类法是联合国为统一世界不同经济体分类而制定并推荐使用的标准产业分类法,简称 ISIC 分类法。这一方法使不同国家的统计数据有了可比性,为世界各国提供了用于各种经济活动分类比较的基本框架。1948 年联合国首次公布了国际标准产业分类法,1956 年、1965 年、1979 年和 2002 年四次对 ISIC 进行了修订,2008 年 11 月联合国对第四次的国际产业分类修订版(官方称为 ISIC/Rev. 3.1)进行了进一步完善,制定了"ISIC/Rev. 4"[①]。

目前,联合国 ISIC 将全部经济活动划分为 A—U 共 21 个大类,具体如表 2 – 1 所示,分别为:A – 农业、牧业和渔业;B – 采掘业;C – 制造业;D – 电力、天然气和蒸汽等;E – 供水、污水处理及排污处理;F – 建筑业;G – 批发零售业、机动车辆及摩托车修理业;H – 交通及仓储;I – 住宿及餐馆服务;J – 信息及通信业;K – 金融及保险服务业;L – 房地产;M – 专业及科技活动;N – 管理及支援服务类;O – 公共管理及安全防护;P – 教育;Q – 医疗及社会服务;R – 艺术及娱乐活动;S – 其他服务类活动;T – 有雇工的私人家庭;U – 域外组织及机构。

---

① 对于第五次国际标准产业分类,可详见联合国 UN 数据统计分类网站,https://unstats.un.org/unsd/cr/registry/regcst.asp?Cl = 27。

表 2-1　　　　　国际标准产业分类（ISIC/Rev.4）

| 类别 | 代码编号 | 产业名称 | 类别 | 代码编号 | 产业名称 |
|---|---|---|---|---|---|
| A | 01、02、03 | 农业、牧业和渔业 | L | 68 | 房地产 |
| B | 05-09 | 采掘业 | M | 69-75 | 专业及科技活动 |
| C | 10-33 | 制造业 | N | 77-82 | 管理及支援服务类 |
| D | 35 | 电力、天然气和蒸汽等 | O | 84 | 公共管理及安全防护 |
| E | 36-39 | 供水、污水处理及排污处理 | P | 85 | 教育 |
| F | 41、42、43 | 建筑业 | Q | 86、87、88 | 医疗及社会服务 |
| G | 45、46、47 | 批发零售业、机动车辆及摩托车修理业 | R | 90-93 | 艺术及娱乐活动 |
| H | 49-53 | 交通及仓储 | S | 94、95、96 | 其他服务类活动 |
| I | 55、56 | 住宿及餐馆服务 | T | 97、98 | 有雇工的私人家庭 |
| J | 58-63 | 信息及通信业 | U | 99 | 域外组织及机构 |
| K | 64、65、66 | 金融及保险服务业 | | | |

资料来源：联合国数据统计网站和英国标准产业分类信息网站，图表为笔者自制。http://www.uksiccodes.com/siccodesuk.html.

目前，英国普遍使用的产业分类与ISIC/Rev.4划分的21个大类相同，具体下设的二级代码细分产业如表2-1所示。对英国而言，在研究和统计过程中，也会经常将产业分为七大类，即A-农业、牧业和渔业；B-采掘业；C-制造业；D-电力、天然气和蒸汽等；E-供水、污水处理及排污处理；F-建筑业；G-服务业。这种大类的划分在英国的研究和数据统计中使用得十分普遍，为本书后续的研究打下基础。

### 三、产业结构

"产业结构"一词始于20世纪40年代，主要以研究产业间的相互关系、联系方式，以及从经济发展角度来研究产业间的资源占有关系为主。方甲[1]指出，在经济发展及社会再生产过程中，生产要素及资源的优化配置状态是一国或所在地区产业结构发展的实质核心。从产业结构理论的研究领

---

[1] 方甲：《产业结构问题研究》，中国人民大学出版社，1997，第9页。

域看，对产业结构的研究主要从三个层面进行分析：第一，产业组成。这实际上是研究生产要素在产业间配置状态的问题，也是产业结构的首要问题。第二，产业发展水平。这主要研究各产业在国民经济中所占比重、在一国经济发展中所占地位及发展状态的问题，是分析产业结构演进及产业结构调整的基础和前提。第三，产业间的技术经济联系。这是产业结构研究的深层问题，是研究产业结构变动规律、寻求其结构合理化路径的重要依据。

对产业结构的研究，分析其演进的规律是研究的必然，即分析各产业间的比重变化及比例关系，从经济发展和产业发展的角度，分析其演进的规律，从而为政府制定促进经济发展和产业发展的产业政策提供理论依据。[①] 产业结构研究的问题，不仅涉及产业发展的一般规律，伴随着经济的不断进步发展、产业结构的不断演进和经济中不断暴露出的问题，对产业结构的研究更涉及产业发展、产业结构高级化和产业结构调整等应用方面的研究。同时，产业结构的发展一般是动态演进的过程，因而实现动态研究是对产业结构研究的主要方法。

当然，伴随着经济的不断进步发展，对产业结构的研究领域更加明晰和具体，产业结构理论[②]、产业组织理论[③]、生产力布局理论及产业集群和产业竞争力理论[④]等都已成为产业经济学研究的重要范畴领域。

但于本书而言，主要分析第二次世界大战后英国的产业结构调整问题，所以主要立足于对英国产业结构演进、产业结构调整理论及相关理论的研究。

---

① 杨公朴：《产业经济学》，复旦大学出版社，2005，第7页。
② 产业结构理论一直是产业经济学的重要研究内容，产业结构的演进过程见下文的具体分析。
③ 对产业经济学的研究最早可追溯到亚当·斯密的劳动分工理论和竞争理论，之后市场理论成为经济理论的重要讨论点。伴随着1933年张伯伦及罗宾逊夫人等学者出版的《垄断竞争理论》和《不完全竞争经济法》普遍流行，学界对市场竞争和垄断问题的研究更加深入，经济领域的微观认识也得到了进一步认识。产业组织理论也从微观经济学中剥离出来，逐渐形成了今天的主流理论。今天欧美的"产业经济学"，也即"产业组织"。
④ 产业布局理论最早可追溯到1826年德国经济学家杜能发表的《孤立国同农业和国民经济的关系》一书，提出农业区位理论；产业集群理论源自迈克尔·波特于1990年出版的《国家竞争优势》的"钻石"理论，而竞争力理论源自波特于1985年提出的"五力分析模型"。

## 四、产业结构调整

对"产业结构调整"一词目前较为清晰的界定来自《生产力经济学辞典》,"从产业结构现状出发,根据产业结构合理化、现代化的要求,解决国民经济发展过程中产业结构的失衡问题和低度化问题而进行的结构调整。一般产业结构的调整有两种情况:一种是经常性的调整,这是每年、每季度都要进行的;另一种是集中进行的调整,这是国民经济比例关系严重失调状况下被迫进行的。"[①]《生产力经济学辞典》对该词的界定主要聚集于三个点,即对产业结构合理化、产业结构失衡和产业结构低度化的调整。

对产业结构调整做出间接性权威界定的是蒂默和西尔毛伊[②]首次提出的"结构红利假说"理论概念。这是从生产要素的再配置角度进行的界定,认为生产要素在具有生产率差异的低生产率部门和高生产率部门间的转移流动会引起产业结构的变动,进而会在一定程度上带动经济的增长。此界定的核心实质在于,生产要素的配置和优化可以带动经济的增长和生产效率的提高。

### (一) 对产业结构合理化的界定

《生产力经济学辞典》对"产业结构合理化"定义做出的界定是,"在一定的经济、社会发展战略目标要求下,实现供求结构均衡和各产业部门协调发展、取得较好效益的产业结构优化过程。它体现在产业结构的关联效应和结构经济效应上。"[③] 此界定强调的各产业之间的关联程度和效果,即产业之间相互作用所产生的一种不同于各产业能力之和的整体能力。也有学者从政府调控角度出发,认为在充分遵循产业结构演进的一般规律基础上,通过宏观调控,促使各产业相互之间保持内在的有机联系和

---

① 张志诚、张佐友等主编《生产力经济学辞典》(新编),立信会计出版社,2002,第278页。
② Timmer, M. P. and A. Szirmai, "Productivity Growth in Asian Manufacturing: The Structural Bonus Hypothesis Examined," *Structural Change and Economic Dynamics* 11, No. 4 (2000): 371—392.
③ 张志诚、张佐友等主编《生产力经济学辞典》(新编),立信会计出版社,2002,第280页。

协调的数量比例，以实现较高的经济效益和较强的竞争力，并满足市场需要和社会需要的动态调整过程。① 而张建平②针对产业结构的合理化问题指出，在现实分析中，一般可以通过工业比重下降速度较为平缓、工业投资和创新较为活跃、不存在较大额的制成品贸易赤字等特征，来判断一个经济体的产业结构基本处于合理水平。当然，经济体也可能由于体制障碍、政策失误、对外竞争失利等因素出现超出合理水平的"去工业化"程度，也就是失衡的"去工业化"或"产业结构失衡"。但在金融危机后，欧盟也对产业结构的合理性进行了再认识，认为与人均水平相适应的产业结构即为相对合理，刨除外在冲击导致的非合理化因素，符合客观发展规律的产业结构，其产业结构演进进程则无须人为干预。

也可以说，产业结构调整过程与产业结构内部要素出现的"竞争－协同－竞争－协同"现象相对应，会经历"不合理－合理－不合理－合理"的不断调整过程。③ 干春晖等④通过测度产业结构合理化的指标，发现产业结构合理化具有稳定经济增长的作用，对经济增长贡献较为突出。从动态角度看，一国产业结构的调整变动可以沿袭两个维度，即产业结构合理化和产业结构高级化，而一国产业结构是否处于合理化标准状态，需要采用一定的标准进行度量。

（二）产业结构合理化的度量

产业结构合理化在分析产业之间协调度的过程中，反映其资源配置和利用程度，即对生产要素投入与产出的耦合程度的度量。一般来说，对产业结构合理化的度量，可以采用"结构偏离度"指标进行衡量，其度量公式结构如下：

---

① 尹艳霞、耿嘉川：《关于山东产业结构合理化问题的探讨》，《东岳论丛》2005年第5期，第51—53页。

② 张建平：《欧盟"再工业化"战略对我国制造业发展的启示》，《河北经贸大学学报》2016年第2期，第106页。

③ 王林生、梅洪常：《产业结构合理化评价体系研究》，《工业技术经济》2011年第4期，第77—83页。

④ 干春晖、郑若谷等：《中国产业结构变迁对经济增长和波动的影响》，《经济研究》2011年第5期，第4—16页。

$$E = \sum_{i=1}^{n} \left| \frac{Y_i/L_i}{Y/L} - 1 \right| = \sum_{i=1}^{n} \left| \frac{Y_i/Y}{L_i/L} - 1 \right| \qquad (式2-1)$$

其中，$E$ 表示结构偏离度，$Y_i$ 为 $i$ 产业的产值，$L_i$ 为 $i$ 产业的就业数。根据古典经济学理论假设，当经济处于最终的平衡状态时，$E=0$。$E$ 是产出结构与就业结构耦合性的反映，$E$ 值越大，则表示经济偏离均衡的程度越高，否则就越低。但此测度指标的缺点在于对各产业都"一视同仁"，反而忽视了各产业在经济体中的重要程度。所以，鉴于以上测度指数的部分缺陷，泰尔指数（TL）[1] 较结构偏离度更具有说服力。

泰尔指数是测量产业结构合理度的一个恰当指标，其改进后的公式如下：

$$TL = \sum_{i=1}^{n} \left( \frac{Y_i}{Y} \right) \ln \left( \frac{Y_i}{L_i} \Big/ \frac{Y}{L} \right) \qquad (式2-2)$$

在经济处于平衡状态下，泰尔指数为 0。如果泰尔指数不等于零，则表示当前产业结构的合理化水平偏离均衡状态，而伴随着数值的不断增加，其不合理化程度也在不断增加。

（三）产业结构高级化的度量

经济发展具有一定的规律，这决定了产业结构的变动也有相应的规律。产业结构向高级化演进的过程，也是产业结构不断从低级状态向高级形态演进的过程。赫拉克和金德尔伯格认为，经济增长过程和发展过程不仅指更多的产出，还指和以前相比产出的种类有所不同，以及产品生产和分配所依赖的技术和体制安排上的变革。[2] 在经济发展过程中，产业结构的高级化也是在不断变化发展中产生。

对于产业结构高级化的评判方法主要包含两种，即"标准结构"[3] 判

---

[1] 泰尔指数，又称泰尔熵，由泰尔（Theil）和亨利（Henri）于 1967 年提出，后被一些学者用于地区收入差距问题的研究。
[2] Herrick B., Kindleberger C. P., *Economic Development* (MeGraw-hill, 1983), pp. 21—22.
[3] "标准结构"是通过统计分析的方法，对样本国家产业结构高级化所表现出来的特征进行统计归纳，并在此基础上综合得出能刻画某一高级化阶段的若干指标，作为产业结构演进到此阶段的"标准"。

别法①和相对比较指标法②。因"标准结构"判别法只从一个方面来判别和观察产业结构,导致衡量产业结构的高级化会有失偏颇,所以近年的研究会采用相对比较指标法来测量一国产业结构的高级化程度。相对比较指标法目前有两种,即直接产业产值比值法和间接生产率比较法。直接产业产值比值法的研究代表主要有吴敬琏③和干春晖等④,他们指出"经济服务化"中的一个典型事实是第三产业的增长率快于第二产业的增长率,所以其采用的测量指数是由第三产业服务业产值与第二产业工业和制造业产值的比值计算得来。但随着产业结构的不断演进发展,部门结构不断从劳动密集型产业向资本、技术和知识密集型产业依次演进,所以现存文献对产业结构高级化的测量多采用间接生产率比较法。具体公式表述如下:

$$TP = \sum_{i=1}^{3} \frac{Y_i}{Y} LP_i, \; i = 1, 2, 3 \qquad (式2-3)$$

$TP$ 代表产业结构高级化测度指数,$Y_i$ 是各产业产出值,$Y$ 代表总产值,$LP_i$ 是各产业的劳动生产率。产业结构高级化过程是各生产要素资源在具有生产率差异的不同产业部门间转移流动的过程,在此基础上,实现生产要素在具有高生产率水平的产业部门中实现优化配置,进而使生产率较高的产业部门份额不断提升,不同产业部门的生产率共同提高,即产业结构高级化本质上包含两部门产出比例关系的演进和劳动生产率的提高。⑤鉴于此,产业结构高级化测度指数以各产业产值比重与劳动生产率的乘积来表示,其测度指数 TP 值越大,代表产业高级化程度越高,否则越低。

---

① Chenery and Sycqquin, *Patterns of Development, 1950—1970* (London: Oxford University Press, 1975)。
② 这里的"指标法"主要包括干春晖等指出的"相对比较法"和彭冲等指出的生产率相对比较法。
③ 吴敬琏:《中国增长模式抉择》(增订版),上海远东出版社,2008。
④ 干春晖、郑若谷等:《中国产业结构变迁对经济增长和波动的影响》,《经济研究》2011年第5期,第4—16页。
⑤ 彭冲、李春风等:《产业结构变迁对经济波动的动态影响研究》,《产业经济研究》2013年第3期,第91—100页。

## 第二节 相关理论基础

### 一、产业结构演进理论

一国经济的发展实际上是产业的发展。从经济发展的不同历史阶段看，其产业结构的演进具有一定的规律可循。产业结构这种经济现象是与经济发展相对应而不断变动的，它的变动主要体现为产业结构高级化的趋势，即产业结构从低级向高级演进，同时，在保持产业结构合理化和实现产业间协调的基础上，产业结构的演进会不断地推动经济增长。

1940年，克拉克在费希尔提出的人类生产活动发展三阶段理论[①]基础上，在《经济进步的条件》一书中正式阐述三产业分类法，揭示出产业结构演变的基本趋势。第一产业阶段，人均国民收入相对很低且劳动力占生产要素的绝大多数。但随着经济发展，第二次产业逐渐取代第一次产业而占主导地位，这时，人均国民收入增加，劳动力从第一次产业向第二次产业转移，使第二次产业的劳动力比重迅速提高，第一次产业的劳动力比重相对下降。随着经济进一步发展，第三次产业所占比重最大，人均国民收入大大提高，同时劳动力从第一次产业向第三次产业转移，使第三次产业所占劳动力比重迅速提高，而第一次产业劳动力比重迅速下降。克拉克揭示出了产业结构伴随经济的发展而不断向高级化演进的过程，而霍利斯·钱纳里运用库兹涅茨的统计归纳法，在产业结构转换基础上建立了标准产业结构模型并做出了相应的改进，指出不同国家在不同阶段会具有不同的标准产业结构模式，为产业结构的合理化发展提供了理论指导。

---

① 20世纪30年代，英国经济学家阿·费希尔在《安全与进步的冲突》一书中首次提出人类生产活动的三阶段，即以农业和畜牧业为主的初级生产阶段，以工业生产大规模地迅速发展为标志的第二生产阶段，大量劳动力和资本流入旅游、娱乐服务、教育、保健等产业活动中的第三生产阶段。

## 二、结构红利假说

彭德[①]指出，在非均衡经济条件下，要素禀赋会在生产率水平不同的产业部门间进行一定的转移流动，即生产要素从低到高转移流动时，会进一步促进生产率和经济的增长。而这种由生产要素流动而形成产业结构变化，进而促进生产率增长的现象，称为"结构红利假说"。一般来说，经济增长的过程实际上是经济结构持续改变和转型升级的过程，其动态发展的根本动力在于创新。但创新实质上是事关差异性行为的问题，而差异性基础在于结构性改变。[②]彭德实证指出，结构改变是宏观经济增长和发展过程中的重要因素变量。作者用名义劳动生产率取代全要素生产率（TFP）来测量结构改变效应，不仅包含就业、技术等因素带来的结构效应，更全面包含资本深化（Capital Deepening）带动的结构效应。

基于结构红利假说，国内外已有实证研究。索尔特[③]通过研究英国1924—1950年的28个制造业行业，发现结构变化对英国生产率增长具有显著影响。彭德通过偏离-份额分析法研究英国1989—1999年三大产业间的结构变化，认为结构变化对英国产生负的静态转移效应和动态转移效应，而内部增长效应对生产率和经济增长贡献居多，1989—1999年英国平均劳动生产率增长为1.71%，若刨除结构红利假说因素，那么英国平均生产率增长可能仅有0.16%。对结构红利假说，学术上通常用偏离-份额分析法理论通过分解生产率增长效应进行分析。

---

① Peneder, M., "Structural Change and Aggregate Growth," *Department for Industry, Technology and Innovation* (2002).
② Metcalfe, J. S., *Evolutionary Economics and Creative Destruction* (London: Routledge, 1998), p. 37.
③ W. E. G. Salter, *Productivity and Technical Change* (Cambridge: Cambridge University Press, 1960).

### 三、偏离-份额分析法

偏离-份额分析法在目前的研究中主要用来测量产业结构变动而引起的结构性变动和结构效应，或者说是对结构变化与劳动生产率之间关系的测量。对生产要素流动转移所导致的产业结构调整变化对生产率影响的分析，多数学者采用偏离-份额分析法。偏离-份额分析法最早由法布里坎特（Fabricant）[1] 提出，之后得以扩展。偏离-份额分析法将生产率增长分解为结构变化的贡献和产业部门内部增长的贡献两大部分，而结构变化的贡献又进一步分解为生产要素的静态转移效应和动态转移效应两部分。

本书将在费格伯格[2]、蒂默[3]和彭德[4]等对产业结构变动调整效应研究的基础上，采用偏离-份额分析法将产业结构演进过程中产生的结构效应从生产率增长中分解出来，包括对三次产业部门劳动生产率增长效应分解和制造业部门劳动生产率增长效应分解。

对三次产业部门劳动生产率增长进行结构效应分解。假定经济总体的劳动生产率水平为 $LP$，其中，$LP_i$ 代表 $i$ 产业部门 $T$ 时期的劳动生产率，$i=1,2,3$；$S_i$ 代表 $i$ 产业部门的劳动力占总劳动的份额，$i=1,2,3$；上标 0 和 $T$ 分别表示研究阶段的初期和终期。那么，$T$ 时期和 0 时期的劳动生产率公式分别为：

$$LP^T = \frac{Y^T}{L^T} = \sum_{i=1}^{n} \frac{Y_i^T}{L_i^T} \cdot \frac{L_i^T}{L^T} = \sum_{i=1}^{n} LP_i^T S_i^T \qquad (式2-4)$$

$$LP^0 = \frac{Y^0}{L^0} = \sum_{i=1}^{n} \frac{Y_i^0}{L_i^0} \cdot \frac{L_i^0}{L^0} = \sum_{i=1}^{n} LP_i^0 S_i^0; \qquad (式2-5)$$

---

[1] Fabricant, S., "Employment in Manufacturing 1899—1939," *NBER Working Paper* (1942).
[2] Fagerberg, J. "Technological Progress, Structure Change and Productivity Growth: A Comparative Study," *Structural Change and Economic Dynamics*, No. 11 (2000): 393 – 411.
[3] Timmer, M. and Szirmai, A. "Productivity Growth in Asian Manufacturing: The Structural Bonus Hypothesis Examined," *Structural Change and Economic Dynanmics* (2000): 371 – 392.
[4] Peneder, M., "Structural Change and Aggregate Growth", *WIFO Working Paper*, No. 182 (2002).

那么，偏离-份额分析法的理论模型①（经济总体劳动生产率增长）可以表达为：

$$G(LP) = \frac{LP^T - LP^0}{LP^0} = \frac{\sum_{i=1}^{n}\left(\frac{Y_i^T}{L_i^T} - \frac{Y_i^0}{L_i^0}\right)}{LP^0} = \frac{\sum_{i=1}^{n}(S_i^T - S_i^0)LP_i^0}{LP^0} +$$

$$\frac{\sum_{i=1}^{n}(S_i^T - S_i^0)(LP_i^T - LP_i^0)}{LP^0} + \frac{\sum_{i=1}^{n}(LP_i^T - LP_i^0)S_i^0}{LP^0} \quad (\text{式}2-6)$$

$G(LP)$ 为整体劳动生产率增长率，$Y_i$ 为 GDP 或 GVA，$L_i$ 为 $i$ 产业劳动力就业水平，$S_i$ 是 $i$ 产业劳动就业所占份额（$= \frac{L_i}{L_T}$）。

经济中整体的劳动生产率增长可以分解成三部分，即静态转移效应、动态转移效应和内部增长效应。

第一，静态转移效应。静态转移效应反映了在要素生产率水平不变（静态）的条件下，要素从生产率水平低的产业部门向生产率水平高的部门转移时所引起的要素生产率的增长效应，即由产业结构变动所带来的生产率的变动。如果具有高生产率的行业吸收了更高劳动力资源，且增加了其就业份额，那么判断其结构红利假说带来的是正的结构效应，即

$$\sum_{i=1}^{n}(S_i^T - S_i^0)LP_i^0 > 0，否则为结构负利。$$

第二，动态结构效应。动态结构效应反映了要素向具有高增长率的产业流动过程中产生的增长效应，它是产业结构变化和生产率变化（即动态）共同作用的结果。如果劳动生产率与就业份额同时增长，那么会对总

---

① 推导过程为：

由式 2-4、式 2-5 可得，T 和 0 时期的劳动生产率差值为：$LP^T - LP^0 = \sum_{i=1}^{n} LP_i^T S_i^T - \sum_{i=1}^{n} LP_i^0 S_i^0$；

那么，$(LP_i^T S_i^T - LP_i^0 S_i^0)$ 可以继续分解为：

$LP_i^T S_i^T - LP_i^0 S_i^0 = LP_i^0 S_i^T - LP_i^0 S_i^0 + LP_i^0 S_i^T - LP_i^0 S_i^T + LP_i^T S_i^0 + LP_i^T S_i^0 - LP_i^0 S_i^0$

$= LP_i^0 (S_i^T - S_i^0) + (LP_i^T - LP_i^0)(S_i^T - S_i^0) + (LP_i^T - LP_i^0) S_i^0$；

将此结果带入 $G(LP)$ 公式中即可得到式 2-6 结果。

的生产率增长产生正结构效应；反之，则产生负结构效应。共同作用结果越强，生产要素流动性也会越强。但如果劳动生产率快速增长过程中没有带动就业份额的增加，将会产生极强的负结构效应，且更多具有高生产率的企业会面临就业份额的下降，正如鲍莫尔"成本病"模型表明的，进步部门生产率水平提高的同时提高了低生产率部门的生产成本，带动了劳动力等生产要素向低生产率部门的转移，即 $\sum_{i=1}^{n}(S_i^T - S_i^0)(LP_i^T - LP_i^0) > 0$，为正即结构红利，否则为负结构红利。

第三，产业内部增长效应。内部增长效应即在不存在结构变动的情况下，各产业自身的劳动生产率增长对总生产率增长的影响。一般来说，要素流动转移有利于促进社会分工，社会分工又有利于技术进步，而新古典经济增长理论已经证实，技术进步是经济增长的重要源泉，所以，内部增长效应是促进生产率增长的重要部分，从公式上体现即为：$\sum_{i=1}^{n}(LP_i^T - LP_i^0)S_i^0 > 0$。

### 四、动态优势理论

动态优势理论是针对产业政策实施过程中的重要理论。动态优势理论认为，产业政策的作用不应仅局限于弥补市场失灵，更重要的是推动产业结构演进调整过程中的产业结构升级。尤其在经济全球化和国际分工浪潮下，一国的经济发展往往面临着来自国际各国的追赶战略、推动产业结构调整战略及其他各种竞争策略的竞争和威胁，因此动态优势理论在产业政策实施中就显得尤为重要。一般来说，动态优势理论与国际贸易理论紧密相连，包括动态比较优势理论、幼稚产业保护理论、产品生命周期理论及战略性贸易理论等。[1]

动态比较优势理论可以理解为，随着一国要素禀赋结构的改善、技术

---

[1] 孙彦红：《欧盟产业政策研究》，社会科学文献出版社，2012，第147页。

进步和要素密集度的变化以及政府的干预变动而发生的动态变化。① 一些国外学者认为,动态比较优势可被作为比较优势的动态升级过程,即伴随着供需结构、要素禀赋结构、技术进步及要素密集度等的变化,产品及要素等在国际转移流动时引起的产业结构的不断演进变动。从动态比较优势理论的发展看,动态比较优势理论是在李嘉图的静态比较优势理论和赫克歇尔-俄林的要素禀赋理论基础上,用动态的眼光将一国的要素流动、技术进步和产业结构变动等视作内生的和不断演进发展的,而其变动又会进一步引起一国贸易结构和经济福利的变动。后进国家不断赶超的事实证明,伴随着一国要素结构的流动转移、技术水平的提高等,其产业结构也逐渐向高级化演进,以产生高附加值和高生产率的产业为主导产业和支柱产业,以此促进产业技术的进步和本国经济福利的不断提升。按照这一理论,英国在产业结构调整中做出的产业政策选择应该是,更加聚焦高附加、高生产率的中高端制造业和未来经济发展中具有创新前景的新兴产业,加速要素禀赋的流动转移,达到生产要素的优化配置,在经济全球化和国际分工形势下,不断促进本国经济的健康、可持续发展。

幼稚产业保护理论最初由德国历史经济学家弗里德里希·李斯特在《政治经济学的国民体系》一书中提出,并在第二次世界大战后逐步走向成熟。该理论认为,自由竞争应发生在工业地位大致相等的两国之间,这样才能实现双方的共同获利。对于后进国家,若在工业上、商业上仍远远落后于别国,那么,必须首先加强本国自身的竞争力量,在具备了充分的竞争条件下才能与比较先进的国家进行自由竞争。也就是说,该理论认为传统贸易理论更加偏重于维护先进国家的利益,通过比较优势来谋取更大利润空间。同时,该理论认为后进国家应该通过贸易保护来不断扶持幼稚产业和新兴产业,使该产业拥有足够的资源的竞争能力来与其他竞争者抗衡,甚至成为竞争优势产业。对于幼稚产业保护理论,目前不仅适用于后

---

① 徐元康:《动态比较优势理论与新贸易理论研究》,《岭南学刊》2015 年第 6 期,第 107—115 页。

进国家，是后进国家进行赶超的重要产业政策，也是目前处于经济发展瓶颈期的发达国家正在不断实践的产业政策。

产品生命周期理论是由美国经济学家雷蒙德·弗农①首次提出。弗农指出，大多数产品都要经历一个大致四个阶段的生产周期，即引进、成长、成熟和衰退。在技术水平不同的国家里，其产品生命周期产生的时间和过程都不一样，这种明显的差距便形成了同一产品在不同国家市场上竞争地位的差异，进而进一步决定了要素禀赋的流动转移、贸易投资的相对变动。这一理论对英国同样有效。尤其在金融危机后，英国与其他发达国家的生产率差距不断拉大，其中技术创新和产品创新是拉大差距的重要元素。为缩减差距，英国应加快产业结构调整及转型升级的步伐，尽快参与到产品开发和成长阶段中去，以便在未来的新国际贸易格局和外商投资中获得更多利益。

战略性贸易政策理论即在不完全竞争和规模经济条件下，一国政府通过关税、出口补贴、研发补贴及相关财政扶持等措施，对现有的或者新兴的战略性产业、企业部门进行相应的扶持，增强其竞争能力，以期达到规模经济，并占领足够多的市场份额，进而获得超额利润，最终实现增加本国福利的目的。保罗·克鲁格曼在阐述战略性贸易理论中以美国波音公司和欧洲空客公司的生产为例进行了分析。该理论认为，因为存在信息不充分和贸易保护的可能性，甚至存在贸易报复的可能性，所以这种"以邻为壑"的贸易政策似乎并不明智。迄今为止，战略性贸易理论应用的案例仍很难找到。

通过分析动态优势理论可以看出，一国产业政策的实施要么与实现个别产业的"追赶战略"有关，要么与一国保持整体经济或维持个别产业优势的"领先战略"密切相关，通常是直接干预性产业政策的主要理论支撑，在经济发展中，强调一国的经济发展与产业结构的各种协调配合应用。

---

① Raymond Vernon, "International Investment and International Trade in the Product Life Cycle," *Quaterly Journal of Economics*, No. 80 (May. 1966): 190—207.

# 第三章 第二次世界大战后英国产业结构调整背景及动因

正如辛格在关于"去工业化"的问题中所指出的,"民众之所以关切'去工业化'的产业结构,并非是对技术和需求发生自然改变的产业结构的关切,其真正关切的是整个国家所出现的非正常化的结构性失衡的产业结构,而这种失衡给国家经济造成了种种恶劣的后果。"① 可以想象,当一国工业在国民产出或就业方面所占份额下降的程度可能会超出该国人均国内生产总值可以预期的程度时,即到了制造业部门被认为是一部"经济增长的发动机"时②③,制造业的规模和对国民经济贡献的减少,可以预期会降低该国未来的增长潜力。而这样的结构性失衡也必然会成为阻碍经济增长的重要因素。

尤其在第二次世界大战后,英国产业结构失衡的问题不断显现,也对各个发展阶段的英国经济带来极大冲击。为平衡英国产业结构,提升产业生产率水平及经济发展水平,英国在各个不同的阶段进行了有针对性的产业结构调整。

英国产业结构失衡问题由来已久,可以由以下三点判定目前的英国产业结构正处于"非合理化"的状态。

第一,纵观英国劳动力市场170年(1841—2011年)的变化,发现英

---

① Singh, A., "UK Industry and the World Economy: A Case of De-industrialization?" *Cambridge Journal of Economics I*, No. 2 (Jun. 2011): 113—116.

② Kador, N., *Causes of the Slow Rate of Economic Growth of the United Kingdom* (Cambridge: Cambridge University Press, 1966).

③ Tarling, R. and Wilkinson, F., "The Social Contract: Post-war Incomes Policies and Their Inflationary Impact," *Cambridge Journal of Economics I*, No. 4 (Nov. 1977): 395—444.

国从事农业的人口已从1841年的22%下降到2011年的1%，制造业人口从1841年的36%降到2011年的9%，然而，服务业却从当时的22%上升到如今的81%。① 170年的数据变化明确传达出了三个信息：首先，从英国就业结构看，英国产业结构明显呈现出"服务化"趋势；其次，制造业的不断萎缩令英国"世界工厂"的地位一去不返；最后，工业、制造业与服务业的就业差距正在不断拉大。

第二，观察英国近25年（1990—2015年）的产业结构合理化测度指标——泰尔指数发现，英国产业结构的不合理化水平在不断上升（具体见图3-1）。金融危机后，因产业结构的迅速调整等，不合理化水平有所下降，之后向平稳化趋势过渡。泰尔指数显示，英国产业结构不合理化程度整体上呈现上升趋势，说明英国产业结构的失衡程度也在加重。

第三，"鲍莫尔成本病"（Baumol's Cost Disease）② 在英国产业结构中体现得十分明显。较低的平均劳动生产率与高劳工成本严重影响了英国的整体盈利水平和产业结构平衡度。从图3-2看英国三次产业的劳动生产率，第二产业的生产率最高，第一产业在波动中上升速度不断提升，第三产业生产率虽有提高，但提升速度慢且在三产业中的生产率最低。从英国三产业的生产率结构看，其反映出的产业结构的不合理之处在于，作为生产率最高的第二产业，不仅就业率呈不断下降趋势，发展形势及规模也在逐年萎缩及被忽略，即低生产率、高成本行业挤占了高生产率、低成本行业的市场，导致英国在国际市场中的产业竞争力逐渐下滑、经济规模萎缩、效率降低。

---

① 数据来源于英国统计局2013年对英国产业结构改变的工业普查分析。具体见于：http://webarchive.nationalarchives.gov.uk/20160105160709/http:/www.ons.gov.uk/ons/rel/census/2011-census-analysis/170-years-of-industry/sty-170-years-of-labour-market-change.html.

② "鲍莫尔成本病"由鲍莫尔于1967年提出。假定经济中存在两个部门，一个是劳动生产率不断增长的部门，另一个是生产率停滞的部门。由于生产要素及劳动力是自由流动的，当增长部门的工资随着劳动边际价值提高时，停滞部门工人的工资也被要求持续提高，进而导致停滞部门的生产成本持续提高，这就是所谓的"成本病"（Costdisease）。具体参见文献：Willian J. Baumoul, Monte Malach, Ariel Pablos-Mendez, et al., *The Cost Disease: Why Some Things Keep Getting More Expensive and Why It's not the Problem We Think It is* (Yale University Press, 2012).

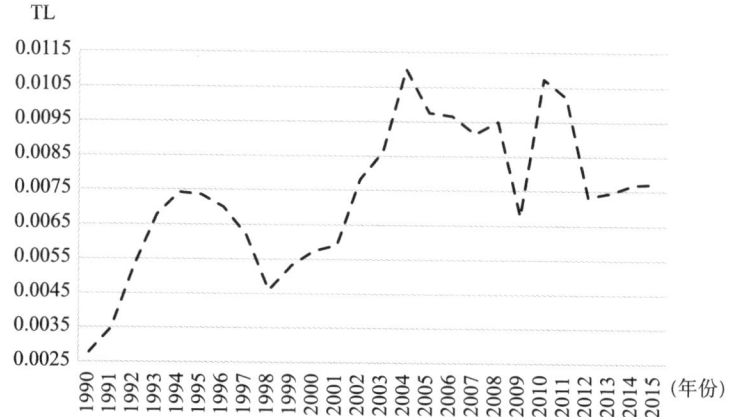

**图 3-1 英国产业结构合理化测度指数**

数据来源：泰尔指数（TL）中各产值 Y 数据取自世界银行（不变价格），而就业数据取自英国统计局。TL=0，说明产业结构在平衡经济中处于合理化水平；若不为 0，则表示产业结构处于非平衡状态。TL 偏离 0 值越大，则不均衡程度越高。

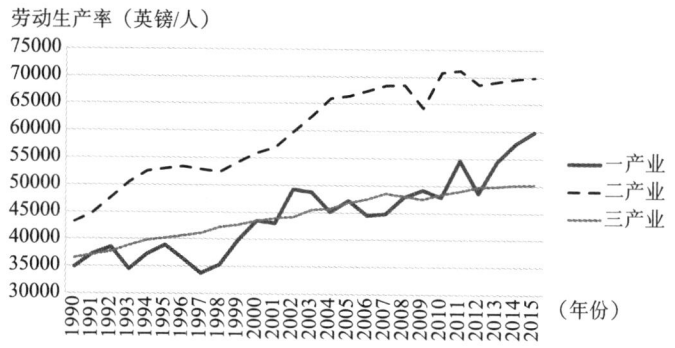

**图 3-2 英国三次产业劳动生产率**

数据来源：世界银行和英国统计局（ONS）。

综上，英国产业结构的"非平衡性"和不合理化暴露无遗。那么，是什么原因导致了英国产业结构的失衡？英国历次产业结构调整的动因是什么？只有明确了导致产业结构真正失衡的根源和历次产业结构调整的动因所在，才能对产业结构做出实质性的调整和纠偏，进而提高生产率水平及经济发展的有效性，更能有效应对未来经济改革中面临的风险挑战。

第二次世界大战后，导致英国产业结构失衡的动因主要存在于以下三个方面,即"世界工厂"地位的丧失与"英帝国"的解体;欧共体与欧盟对英国经贸产业、国际地位及竞争力的冲击;本国快速"去工业化"导致的制造业持续萎靡、宏观经济政策"扭曲"和产业政策的不合理。

## 第一节 "世界工厂"地位的丧失与"英帝国"的解体

可谓"成也萧何,败也萧何"。英国通过海上霸权确立殖民帝国,在资本主义的发展过程中,伴随工业革命的进一步爆发成就了"英帝国"和"世界工厂"不可一世的工业霸权地位,但也同时因陈旧的生产部门、墨守成规的技术、落后的经营管理方式等令英国在激烈的国际竞争中逐渐失去了本身发展的优势。伴随"英帝国"的逐渐解体与"世界工厂"地位的逐渐丧失,英国在国际中的经贸发展环境发生重大变化导致其产业结构失衡和工业地位进一步衰落。相比之后要面临的严峻的经贸市场挑战,英国在"英帝国"内部建立起的"帝国特惠制"[①] 经贸市场却是实现经济快速发展的"象牙塔",但也因此成为日后英国工业和制造业面临"赤裸"而激烈的竞争环境却无能为力的根源。

### 一、"世界工厂"地位的丧失

美国经济学家道格拉斯·诺斯最先提出了"路径依赖"理论,认为制度选择与运行一旦进入某一路径,那么,这一过程无论是好还是坏,一国在发展过程中都可能对这种路径产生依赖,并在以后的发展中得到自我加强。若进入良性循环的轨道,一国经济发展模式极有可能会得到迅速优化,否则,可能陷入制度的无效率状态而不能自拔。对此,英国是一个极具代表性的案例。

---

① "帝国特惠制"是英国与各自治领国家为共同度过20世纪30年代经济危机而专门建立的贸易关税同盟制度。协议规定,英国对于由殖民地及自治领输入的商品可以享有减税或免税的特惠,而从英国输往各自治领包括英国殖民地的商品同样可以享有减免税收的特惠。帝国特惠制极大限制了世界其他各个区域输入英国及殖民地地区的可能性,很大程度上保护了英国在英殖民地的贸易地位及在自治领市场上的竞争力。

科技创新、制度创新及工业与制造业的转型升级是维护一国工业地位的重要前提。英国制造业的由盛及衰，说明英国走向了"路径依赖"的反面，缺乏对科技创新和制度创新等的敏感性。英国是最先成为"世界工厂"的老牌资本主义国家。"世界工厂"令英国的制造业出口几乎占到世界总出口量的一半，也因此成就了英国曾经的世界领导地位。但过于庞大的企业及制造业规模也给英国带来许多弊端，陈旧的生产部门、墨守成规的技术及落后的经营管理方式等成为难以卸下的沉重包袱。当美国、德国及法国等国家不断研发新技术、在设备更新上投资时，英国工业部门却墨守成规、止步不前。例如，英国纺织仍用旧式纱锭，炼钢仍用开口炉，相较之下，德国已在使用效率更高的炼钢炉和旋转式纱锭。①

不可否认，"世界工厂"这个包袱使英国对钢铁、纺织等传统工业部门的设备更新受阻，而在建立电力、汽车等新型工业部门时，因受到系列制度约束及利益集团的阻碍等，也行动迟缓。也就是说，在英国经济发展中，传统工业未得到及时更新、科技创新力度缺乏，加之体制的僵化及盲目自信，导致工业技术上的停滞、劳动生产率的不断降低和工业制造业的不断萎靡。正因如此，尤其在第二次世界大战后，英国工业地位先后被美国、德国和法国等后起的工业发达国家所赶超，英国的"世界工厂"地位逐渐丧失。

## 二、"英帝国"的解体

"英帝国"对殖民地和自治领控制力量的减弱、各自治领离心倾向的加强，与英国国内经济的长期停滞密切联系，相互制约。

首先，20世纪"英国病"的初步"发作"大大削弱了英国的经济实力及对帝国各个部分的控制力。罗志如和厉以宁对"英国病"症状进行了分析，认为"世界工厂"的遗产、殖民帝国的后果、福利国家的负担和传

---

① 孙杭生：《英国、美国、日本"世界工厂"衰退的路径依赖及启示》，《中国科技投资》2010年第9期，第77—79页。

统精神的枷锁四大方面结合在一起，便造成了现代英国经济所特有的"英国病"。① 具体表现在宏观经济上，即经济"走走停停"、滞胀与国际收支危机并存、收入分配与经济效率的矛盾及经济发展不平衡趋势日益严重等。而产业生产方面的具体表现是，开工不足、生产设备闲置、传统工业品生产没有恢复到战前的最高水平、出口萎缩、高失业率和经济效率低等。② 正是"英国病"的初步爆发进一步削弱了英国的经济实力，激化了国内阶级矛盾，致使英国对帝国各部分的控制力大大弱化。

其次，20世纪30年代的经济危机与第二次世界大战的爆发加重了英国经济的内忧外患，也加速了"英帝国"解体的速度。20世纪30年代的经济危机发生于"英国病"爆发之后。作为英国自治领较为发达的国家，如加拿大、澳大利亚、新西兰等国，同样受到经济危机的威胁。为快速摆脱经济危机困境、恢复本国经济发展，各国不断减少同英国的经贸往来，以谋出路。"帝国特惠制"虽然可以降低英国与联邦国家经济的外在冲击，但伴随着第二次世界大战的爆发，英国虚弱的经济表现令殖民各国不得不寻求经济发展的出路，进而导致"英帝国"的加速解体。

最后，"英帝国"的加速解体改变了英国原有的经贸市场环境，英国经贸发展转向欧洲。一个不能忽略的事实是，无论是帝国特惠制，还是之后英国建立的欧洲自由贸易联盟（EFTA）③，都不足以满足当时英国经济发展的需求，所以英国经贸市场不断向欧洲靠拢。然而，对于处于20世纪60年代的发展中的英国，既失掉了占领欧洲市场、扩大贸易机会的好时机，特别是同西欧共同市场国家进行经济和技术合作的最好机会，④ 又因没有及时适应自由竞争的市场环境、改革产业结构而令本国产业丧失了加

---

① 罗志如、厉以宁：《二十世纪的英国经济："英国病"研究》，商务印书馆，2013，第3页。
② 同上书，第36页。
③ EFTA 全称为 European Free Trade Association，又称"小自由贸易区"。1960年1月4日，奥地利、丹麦、挪威、葡萄牙、瑞典、瑞士和英国在斯德哥尔摩签订了《建立欧洲自由贸易联盟公约》。该公约于同年5月3日生效，欧洲自由贸易联盟正式成立，简称欧贸联。英国扩大了本国的经贸市场范围，也同时希望通过 EFTA 与欧共体经贸市场进行抗衡。
④ 尼古拉斯·韩德森：《英国的衰落及其原因和后果》，林华清译，上海外语教育出版社，1985。

大产业竞争力的机会。

伴随"英帝国"的解体,英国的"世界"逐渐缩小,英国经贸市场甚至逐渐缩小至与西欧的经贸往来和利益交织。英国从经贸利益在世界市场上占据主导地位的大国变成不得不"依附"或"顺从"欧共体经贸竞争规则等发展的普通经济体①。

## 第二节　欧共体/欧盟对英国产业结构和贸易的冲击

英国于1973年7月22日正式加入欧共体,成为欧洲共同市场的成员国。自20世纪70年代以来,英国经济及产业结构方面呈现出的主要变化有:经济服务化进程加快,制造业快速萎缩且持续逆差;经济增长缓慢,生产率降低;在国际经济中的经济规模不断收缩,国际地位和竞争力持续下滑等。对英国来说,在加入欧共体/欧盟期间,其经济的不断恶化可能主要来自英国自身经济的"僵化"和战后对经济的冲击,也可能主要来自欧共体/欧盟的竞争冲击。

加入欧共体对英国产业结构和经贸究竟带来多少冲击,是否是造成英国产业结构失衡的主要动因,学术界对此也有争论和研究。学术界对此主要存在两个方向的争论。一个争论是,英国未提早加入欧共体是导致英国丧失欧共体经贸市场和竞争创新能力,进而导致英国产业结构失衡和经济衰落的主因;另一个争论是,欧共体/欧盟是加速英国制造业衰退和快速"去工业化"的罪魁祸首,即欧共体/欧盟加速了英国国际经济地位的下滑。

### 一、关于欧共体/欧盟对英国产业结构和贸易冲击说法的争论

20世纪70年代末,有英国政界人士曾感慨道,英国由于在60年代满

---

① "普通"是与"高级"或者"不普通"相对的词,之所以称英国退化成欧共体中的普通经济体,是因为不论是在经济发展速度上,还是经济贸易规模上,特别是进入20世纪六七十年代,英国与法国、德国等国家的发展开始拉开差距,不断被赶超,乃至失去了"世界工厂"的光辉和工业大国的地位。

足于继续在传统市场①进行贸易,从而失掉了同欧洲大国扩展贸易、特别是同西欧共同市场国家进行经济和技术合作的最好机会。② 具体来说,即英国未能提早加入欧共体,未能将本国产业,尤其是制造业放置在竞争环境下,致使英国大量企业失去了创新及竞争能力,导致在加入欧共体后,英国企业不能及时适应来自欧共体内部及世界各国产业的激烈竞争,更因不能及时调整合理的产业政策,导致本国经济结构失衡性增强。在此情况下,英国为加速提升本国经济发展,其面临的激烈竞争和发展环境促使英国要素禀赋不断流向比较优势产业,如金融业、保险业等服务业,导致制造业因"循环累积效应"③而不断呈现恶化趋势。④ 这一论调将英国产业结构的失衡和衰落主要归咎于英国决策的失误,即未提早加入欧共体、未能合理调整产业结构及产业政策、未能及时发展创新等,而非欧共体/欧盟对英国经贸造成冲击。

另一个方向的争论则十分明确,认为是欧共体/欧盟加速了英国产业结构的失衡、制造业的萎缩和经济的衰退。林登·摩尔(Lynden Moore)⑤指出,英国因加入欧共体,加速了本国制造业衰退的局势。并且,伴随着欧盟东扩,中东欧国家入盟,加大了英国制造业面临的竞争压力,一是来自劳动力成本的竞争,二是来自产品价格的竞争,三是经济一体化下产业

---

① 所谓"传统市场",即英国为保护本国经贸发展和联邦内国家的发展而专门设立的关税同盟贸易区。传统市场内部因缺乏竞争和技术创新等原因,导致英国故步自封,只为满足于殖民地等经济相对落后国家的进口产品需求,而忽略了本国在世界贸易市场的竞争。所以,传统市场也是相对于 EC 的欧共体市场和世界发达国家的经贸市场而言的。

② 罗志如、厉以宁:《二十世纪的英国经济——"英国病"研究》,商务印书馆,2013,第72页。

③ 循环累积效应由经济学家缪尔达尔于1957年提出,后经卡尔多、迪克逊和瑟尔沃尔等扩展成模型。缪尔达尔认为,在动态的经济社会发展中,社会经济各因素之间存在着循环累积的因果关系,某一社会经济因素的变化会引起另一社会经济因素的变化,而这后一因素的变化,反过来又加强了前一因素的变化,进而导致社会经济过程沿着最初那个因素变化的方向发展,从而形成了累积性的循环发展趋势。

④ S. Broadberry and T. Leunig, "The Impact of Government Policies on UK Manufacturing since 1945," *London School of Economic* (2013): 5.

⑤ Lynden Moore, *Britain's Trade and Economic Structure: The Impact of the EU* (Routledge, 1999).

结构转移及国际分工趋势的大势所趋。罗伯特·罗索恩（Robert Rowthorn）和肯尼恩·库茨（Kenneth Coutts）①将英国与欧盟大多数国家作为两个区域进行对比，发现英国自1970年后，制造业就业和制造业附加值份额（现价计算）都呈现出戏剧性下滑，而1995年后更为明显。作者将英国制造业附加值份额下降的原因分解成三个因素进行分析，即国内支出模式的改变、制成品净贸易平衡的改变及制成品价格相比其他商品和服务品价格的相对改变。通过比较分析发现，在英国加入欧共体的40多年间，影响英国制造业附加值份额的主要因素是英国制造业贸易的大规模恶化。同时，1950年，英国是出口食品、原材料等的大国，是世界佼佼者，其中出口的五分之四是制成品，占据世界贸易出口总额的26%。然而，1980年，英国制造业与商品贸易却进入了持续逆差。1970—2010年，英国制造业贸易收支从1970年的盈余4.8%降为2010年的-4.4%。相比之下，欧盟其他国家的制造业贸易浮动趋势并不是十分明显。

从国际产值经验看，1950年，英国是仅次于美国的第二大制造业国和工业国，而截至1960年，英国总产出虽是西欧中最大的，但按照现价和当时汇率计算，英国仅比日本产出规模高出63%，仅是美国产量的14%，其经济规模已远远低于世界第一大经济体。截至1994年，英国经济规模更是不断缩至德国和法国之下，产出规模是日本的22%，是美国的15%。一系列数据表明，英国在世界经济中的重要性已不断降低。就其就业率看，英国制造业部门就业率在不同时期下降幅度不同，具体从1966年开始加速下滑，1973—1979年每年平均下降1.3个百分点，1979—1989年每年平均下滑3.3%，1989—1993年每年平均就业率下降高达5.5%。

从第二次世界大战后英国整体的经济结构和贸易结构表现看，尤其在加入欧共体后，都存在极大的形势逆转。但不论加入欧共体是否是造成英国产业结构严重失衡及其经济衰落的主因，毋庸置疑的是，英国在欧共体/欧盟内产生的经济和结构变化说明了欧共体/欧盟对英国产业结构和经

---

① R. Rowthorn and K. Coutts, "Re-industrialization——A Commentary," *HM Government* (OCT. 2013).

贸发展的确构成了一定的威胁和冲击。

## 二、英国加入欧共体后的贸易结构变化和产业结构变化

### （一）英国加入欧共体后的经贸市场变化

英国于 1973 年成为欧共体成员国。加入欧共体后，英国的主要经贸市场和贸易结构相继发生了变化。

就贸易市场变化看，英国与 EC 六国的贸易额度大幅上升，而与英联邦国家贸易大幅下降（具体变化情况详见表 3-1）。从表 3-1 可以看出，自 1970 年，英国贸易区域及贸易额开始出现大幅度分化。1970 年，英国向英联邦国家、欧共体 6 国的进出口份额分别占到总份额的五分之一左右，但 1975 年，即英国加入欧共体后两年，EC 与英国的进出口贸易就超过英国总进出口贸易额的三分之一以上，而英联邦国家与英国的贸易份额却下降到 15% 左右，同时，如北美，尤其是美国，与英国的进出口贸易份额也在不断下降。1996 年，英国从欧共体/欧盟进口贸易额已达到总贸易额的54%，出口到欧共体/欧盟的份额已达 57%，较 1970 年均提高 36%。相比之下，1970—1987 年，英国与英联邦国家的进出口贸易份额占比却分别降低了 15% 和 9%。可以看出，自加入欧共体后，英国的贸易市场不断向欧共体或欧盟倾斜。

表 3-1　　英国商品贸易按区域分布（1950—1996 年）

| 区域＼年份 | 1950 | 1960 | 1965 | 1970 | 1975 | 1979 | 1987 | 1996 |
|---|---|---|---|---|---|---|---|---|
| 进口（%） | | | | | | | | |
| EC 总和 | | 15 | 15 | 18 | 34 | 45 | 53 | 54 |
| EC（6） | 13 | 15 | 15 | 18 | 30 | 38 | 44 | 40 |
| 西欧其他国家 | 12 | 15 | 16 | 16 | 15 | 17 | 14 | 6 |
| 北美 | 15 | 20 | 20 | 21 | 13 | 13 | 12 | 14 |
| 美国 | 8 | 12 | 12 | 13 | 10 | 10 | 10 | 13 |

续表

| 区域\年份 | 1950 | 1960 | 1965 | 1970 | 1975 | 1979 | 1987 | 1996 |
|---|---|---|---|---|---|---|---|---|
| 其他发达国家 | 16 | 12 | 12 | 9 | 8 | 6 | 9 | 8 |
| 石油出口国 | 9 | 11 | 10 | 9 | 14 | 7 | 2 | 2 |
| 其他发展中国家 | 30 | 22 | 19 | 15 | 11 | 11 | 11 | 15 |
| 联邦国家 | 40 | 31 | 29 | 23 | 14 | 11 | 8 | |
| 出口（%） | | | | | | | | |
| EC 总和 | | 15 | 19 | 21 | 32 | 42 | 50 | 57 |
| EC（6） | 11 | 15 | 19 | 21 | 20 | 34 | 39 | 41 |
| 西欧其他国家 | 14 | 14 | 17 | 20 | 17 | 14 | 9 | 4 |
| 北美 | 11 | 16 | 18 | 18 | 12 | 12 | 17 | 13 |
| 美国 | 5 | 9 | 11 | 12 | 9 | 10 | 14 | 12 |
| 其他发达国家 | 21 | 15 | 15 | 12 | 9 | 6 | 5 | 7 |
| 石油出口国 | 6 | 7 | 6 | 6 | 11 | 9 | 7 | 5 |
| 其他发展中国家 | 29 | 25 | 20 | 17 | 15 | 16 | 13 | 14 |
| 联邦国家 | 38 | 34 | 26 | 20 | 16 | 12 | 11 | |

数据来源：ONS, Monthly Review of External Trade Statistics, MM24（February 1997）.
CSO, Monthly Review of External Trade Statistics, *Annual Supplement*, No. 11 (1990).
DTI, Overseas Trade Statistics of the United Kingdom, Various Years.
转引自：Lynden Moore, Britain's Trade and Economic Structure, p. 65, Table 4.1.

从英国经济发展经验看，英国与欧共体/欧盟贸易份额增加的主要原因在于以下三个方面。第一，欧共体国家的不断扩大。从6国扩大到15国，又扩展至28国（英国未脱欧前），成员国的不断增加扩大了英国的贸易市场及贸易份额。第二，英国服务业发展迅速，比较优势突出。但不得不承认的一个事实是，英国与欧盟贸易中，进口份额不断增加、出口份额不断降低。同时，英国总贸易占欧盟总贸易额比重在不断下降，在国际贸易中的份额也呈不断下降趋势，国际贸易地位不断降低。之所以出现如此现象，与英国的产业结构及产业政策的发展有着密不可分的联系。

## 第三章　第二次世界大战后英国产业结构调整背景及动因

从英国加入欧共体后的贸易市场变化看金融危机后英国面临的一系列挑战。第一，英国经贸市场的不断转移是否有利于"退欧"后的英国。英国经贸市场正经历第三次改变。第一次主要的变化是从第二次世界大战后到加入欧共体前。英国主要经贸市场为"帝国特惠制"的关税联盟贸易区，特点倾向于传统贸易市场，主要的产品输出对象是英联邦发展较为落后的国家，同时，对输出产品的要求并不高。换言之，英国面临的竞争压力较小，获得的利益巨大。第二次经贸市场的变化是由英联邦国家向欧洲共同市场转移。这次市场变化的首要原因在于英联邦国家市场的转移和对英国市场的"抛弃"。为发展经济和寻求经贸发展机会，英国逐渐将注意力转移到欧共体和欧盟，对欧盟的进出口份额占本国总进出口额的近60%。目前，英国面临的经贸市场的主要特点是，英国的制造业竞争优势和制造业出口市场已逐渐不在，对欧洲市场的进口要大于出口，商品贸易收支一直处于严重的逆差状态，而服务业市场较为发达，但面临的主要输出市场为欧洲国家和OECD国家。第三次英国正在经历或即将经历的经贸市场变化是，英国退出欧洲单一市场。这与英国初次加入欧共体前所面临的经贸环境具有几点大的不同。首先，伴随全球经济一体化程度的加深和国际分工的更加明确，英国面临的经贸市场环境更加分散。OECD贸易数据统计显示（见表3-2），金融危机后，英国加大了对美国和新兴经济体国家的进出口贸易。2010—2015年，英国对美国的进口份额从7.41%提高到9.30%，向美国的出口份额从13.24%提高到了15.03%，进口和出口几乎都增加了2个百分点。而对新兴经济体①，主要是金砖国家的进口份额从16.55%提高到18.05%，出口份额从10.67%提高到14.80%，进出口贸易呈现出不断上升趋势。② 其次，英国产业竞争优势逐渐集聚于服务业，而制造业市场较战后时期更加萎靡。对英国经济而言，面临新的经贸市场环境，在产业结构调整方面，既要保证对制造业的重振，又要保证服务业

---

① 这里的新兴经济体，除金砖国家外，还包括韩国、墨西哥、菲律宾、印度尼西亚等新兴发展国家。

② 本段落所用数据皆来自OECD数据库，具体详见：http://stats.oecd.org/。

市场和服务业的竞争优势。这对英国而言,假若"脱欧",将会是严峻的挑战。最后,"脱欧"后英国的经贸成本会上升。不论是谈判经贸合作的时间成本,还是交易产品的相对价格成本,都会较欧盟成员国有一定程度的提高。

表 3-2　　　英国进出口世界其他国家的贸易份额

| 区域 \ 年份 | 2010 | 2011 | 2012 | 2013 | 2014 | 2015 |
|---|---|---|---|---|---|---|
| 英国进口份额(%) | | | | | | |
| 主要欧洲国家 | 57.91 | 59.23 | 54.52 | 55.60 | 59.41 | 59.29 |
| 美国 | 7.41 | 8.10 | 9.30 | 8.94 | 8.53 | 9.30 |
| 中国 | 9.06 | 8.91 | 8.53 | 9.46 | 9.31 | 10.12 |
| OECD 国家 | 70.82 | 73.70 | 72.46 | 71.93 | 74.92 | 75.46 |
| 主要非 OECD 国家 | 16.55 | 16.48 | 17.79 | 17.81 | 17.38 | 18.05 |
| 英国出口份额(%) | | | | | | |
| 主要欧洲国家 | 55.96 | 56.95 | 51.26 | 55.13 | 55.88 | 52.13 |
| 美国 | 13.24 | 13.22 | 14.07 | 12.17 | 12.54 | 15.03 |
| 中国 | 2.71 | 2.97 | 3.44 | 3.52 | 5.13 | 6.00 |
| OECD 国家 | 75.48 | 76.75 | 72.91 | 73.88 | 74.62 | 73.68 |
| 主要非 OECD 国家 | 10.67 | 12.15 | 13.41 | 12.91 | 13.71 | 14.80 |

数据来源:根据 OECD 数据库基本数据计算所得。

(二)英国加入欧共体后的产业结构变化

约翰逊(P. S. Johnson)[1]分别就英国 1959 年和 1977 年的产业结构情况进行了对比。通过对英国两个时间点上的就业和产出进行分析对比,发现英国变化最大的是服务业的就业增长,除此之外,几乎所有产业的就业形势都有所下降,具体情况如表 3-3 所示。

---

[1] P. S. Johnson, *The Structure of British Industry*(Granada Publishing Limited,1980),pp. 5—6.

表 3-3　　　　　英国 1959—1977 年产业结构的变化

| 序号 | 分类<br>(1968 年 SIC) | 年平均增长率(%) | | 就业占比(%) | | GDP 占比(%) | |
|---|---|---|---|---|---|---|---|
| | | 就业 | 产出 | 1959 | 1977 | 1959 | 1977 |
| 1 | 农业、渔业和食品 | -3.36 | 2.25 | 3.5 | 1.7 | 3.5 | 3.4 |
| 2 | 采掘业 | -4.67 | 1.29 | 3.9 | 1.5 | 3.2 | 3.4 |
| 3 | 制造业 | -0.51 | 2.36 | 37.6 | 32.4 | 33.7 | 28.5 |
| 4 | 食品、饮料和烟草 | -0.36 | 2.14 | 3.5 | 3.1 | 3.8 | 3.1 |
| 5 | 碳和石油产品 | -2.27 | 2.96 | 0.2 | 0.1 | 0.3 | 0.1 |
| 6 | 化工及相关行业 | 0 | 5.97 | 2 | 1.9 | 2.5 | 2.6 |
| 7 | 金属制品 | -1.11 | 0.03 | 2.7 | 2.1 | 2.9 | 2 |
| 8 | 机械工程 | -0.07 | 2.65 | 4.4 | 4.1 | 3.9 | 3.2 |
| 9 | 仪表仪器设备 | 0.5 | 6.09 | 0.6 | 0.6 | 0.5 | 0.6 |
| 10 | 电子设备 | 0.54 | 4.2 | 3.1 | 3.3 | 2.8 | 2.8 |
| 11 | 造船及航海业 | -2.19 | -0.83 | 1.2 | 0.7 | 0.9 | 0.6 |
| 12 | 汽车业 | -0.58 | 0.73 | 4 | 3.4 | 3.9 | 3.2 |
| 13 | 未指定金属制品 | 0.29 | 1.29 | 2.4 | 2.4 | 2.1 | 1.8 |
| 14 | 纺织业 | -2.64 | 1.12 | 3.7 | 2.1 | 2.7 | 1.7 |
| 15 | 皮革 | -1.81 | -0.84 | 0.2 | 0.1 | 0.2 | 0.1 |
| 16 | 服装和鞋类 | -1.67 | 1.38 | 2.4 | 1.6 | 1.3 | 1 |
| 17 | 陶土类 | -0.91 | 2.79 | 1.4 | 1.1 | 1.2 | 1.1 |
| 18 | 木材和家具 | -0.31 | 2.03 | 1.3 | 1.1 | 1 | 1 |
| 19 | 印刷行业 | -0.11 | 1.96 | 2.6 | 2.4 | 2.6 | 2.3 |
| 20 | 其他制造业 | 1.25 | 5.04 | 1.2 | 1.4 | 1 | 1.4 |
| 21 | 建筑业 | -0.52 | 1.09 | 6.4 | 5.5 | 6.5 | 7.1 |
| 22 | 天然气、电力和水 | -0.55 | 4.67 | 1.7 | 1.5 | 2.8 | 3.7 |
| 23 | 交通业 | -0.74 | 2.78 | 7.7 | 6.4 | 8.7 | 9.6 |
| 24 | 物流业 | 0.17 | 1.78 | 12.3 | 12 | 11.9 | 9.4 |
| 25 | 保险、银行和金融 | 3.18 | 4.32 | 3 | 5 | 29.67 | 34.7 |
| 26 | 专业和科学服务 | 3.41 | 3.1 | 9.2 | 16 | | |
| 27 | 杂项服务 | 1.62 | 1.91 | 8.2 | 10.4 | | |
| 28 | 公共管理及防卫 | 1.29 | 1.13 | 5.9 | 7.1 | | |
| 29 | 综合 | 0.3 | 2.42 | 100 | 100 | 100 | 100 |

从表 3-3 列出的 1959 年和 1977 年的就业及 GDP 数据变化看，第一产业和第二产业相比第三产业都有绝对的下降。其中，制造业呈现出较大幅度的下滑。例如，造船及航海业在 1959—1977 年其就业和产出都有绝对的下降，占比分别为 -2.19% 和 -0.83%，而皮革行业占比分别为 -1.81% 和 -0.84%。由此也可以看出，固然英国生产率不断增加，但生产率的增加并不能确保就业的可持续性。另外，服务业中除去交通业和物流业下降外，其他服务业一直呈现出快速发展态势，主要包括保险、银行和金融业及专项和科学服务业。从就业增长率看，保险、银行和金融业的年平均就业率增长为 3.18%，专项和科学服务业的年增长率达到 3.41%；从产出增长率看，保险、银行和金融业的年增长率达到 4.32%，而专项和科学服务业的年增长率为 3.1%。

综合来说，英国在加入欧共体后，工业和制造业出现明显下滑，但大大促进了服务业的发展。

（三）英国加入欧共体后制造业的结构变化

加入欧共体后，英国另一明显变化在于制造业结构的变化。或许更多地受到欧盟内部产业政策和竞争政策的冲击，英国制造业结构变化主要表现在三个方面，即相对价格的变化、需求弹性的变化和比较优势的变化。

第一，相对价格的变化。

加入欧共体后，英国制造业方面的产出、就业和生产率（Productivity）都出现了明显变化。马修斯（Matthews）等[1]、奥马奥尼（O'Mahony）和蒂默[2]对英国整个经济中制造业产出、劳动力和资本的份额做出统计分析，具体情况见表 3-4。

文中从三个不同阶段的英国产业分类对制造业的产出、就业及资本所占份额做出统计，明显看出英国制造业的变化趋势以 1973 年为分界点。

---

[1] Matthews, R. C. O., Feinstein, C. H. and Odling-Smee, J. C., *British Economic Growth, 1856—1973* (Oxford: Oxford University Press, 1982).

[2] O'Mahony, M. and Timmer, M., "Output, Input and Productivity Measures at the Industry Level: The EU KLEMS Database," *Economic Journal* 119, F374—F403 (2009): 374.

表 3－4　英国 1924—2007 年制造业产出、就业和资本所占份额　　　单位:%

| 年份 | 产出份额（现价） | 产出份额（不变价格） | 劳动力份额 | 资本份额 |
|---|---|---|---|---|
| 1924 年产业分类 | | | | |
| 1924 | 30.9 | 30.9 | 32.9 | 20.3 |
| 1937 | 31.3 | 34.8 | 32.9 | 19.0 |
| 1958 年产业分类 | | | | |
| 1937 | 29.5 | 29.5 | 30.4 | 19.5 |
| 1951 | 35.7 | 34.6 | 35.1 | 23.8 |
| 1964 | 33.6 | 37 | 36.1 | 25.5 |
| 1973 | 30.1 | 38.2 | 34.7 | 22.8 |
| 1995 年产业分类 | | | | |
| 1973 | 31.9 | 31.9 | 26.1 | 14.5 |
| 1979 | 29 | 28.7 | 23.7 | 12.9 |
| 1990 | 22.8 | 25.7 | 16.3 | 10 |
| 2000 | 17.3 | 21.3 | 13 | 8.7 |
| 2007 | 12.4 | 18.7 | 9.5 | 6.7 |

数据来源：S. Broadberry and Tim Leunig,"The Impact of Government Policies on UK Manufacturing since 1945," *Government Office for Science* (Oct. 2013)：8.

注：1924—1937 年和 1937—1973 年：Matthews（1982：222－223）；1973—2007 年：Euklems Database（O'Mahony and Timmer, 2009）.

1973 年以前，英国产出（不变价格）[①]、劳动力及资本所占份额基本呈现不断增长趋势，但 1973 年英国加入欧共体后，逆转趋势加大。数据显示，1973—2007 年，英国制造业产出、就业及资本份额比重呈现严重下降趋势。以不变价格计，产出从 31.9% 下降到 18.7%，下降近 41.4%；若以当前价格计，则下降近 61.1%。劳动力就业比重下降 63.6%，资本份额占比下降 53.7%。相比 1973 年以前，制造业相关参数都出现了明显的下滑

---

① 马修斯指出，英国在第二次世界大战期间的制造业部门呈现不断扩大趋势，但在第二次世界大战后其产出增长速率在各因素的影响下呈现下降趋势，导致制造业部门比起其长期的发展实力，更是空有其表。因此，以现价方式计，英国制造业产出有下降趋势，但以不变价格计，制造业部门仍旧呈现不断增长趋势。

趋势。从两个时间段的制造业参数价格变化看,加入欧共体后,英国制造业参数发生剧烈变化。首先,英国制造业产出的急剧下降表明英国制成品价格的下降。其次,制造业就业下降趋势最为明显。可以看出,英国自加入欧共体后,其"去工业化"趋势更加明显。制造业方面1973—2007年,就业下降63.6%,一部分原因是生产率低下,制造业产出规模降低,更主要的原因在于制造业向服务业的转移。

第二,收入弹性的变化。

收入需求弹性是影响制造业经济占比的重要角色。伴随收入水平的增加,消费者一般会将更多的收入花费在服务类商品中,而非制成品上。在发达国家中,消费者在服务类商品中的支出比例往往会更高。同时,伴随制造业发展的下降,其相对服务类商品价格呈下降趋势。这就意味着伴随消费者收入水平的不断提升及消费偏好的改变,消费者对制成品的消费支出比重在不断降低。数据显示,1980—2008年,按市场价格计算,英国居民的制成品消费支出仅仅占据13%。[1]

当然,对于制造业产出下降仅仅依据制造业消费的下降来解释十分牵强。尤其自1980年以来,英国制造业产出占GDP比重从25%下降到13%,其下降份额及下降幅度远比制成品消费额下降的6%(从26%下降至20%)要高得多。但不可否认的是,制造业消费的下降占据制造业产出下降的54%左右。

制造业就业的下降有几个解释。第一,伴随生产率的提高,每单位产出的就业会有一定程度的下降。第二,制造业就业的下降也是企业不断衰落的表现。罗索恩和威尔斯(Wells)[2] 预估了英国1966—1983年的制造业就业情况,制造业就业流失的10%应是由制造业的弱表现力造成的,而剩余的90%应该是由长期的产业结构转移和结构改变引起的。

---

[1] S. Broadberry and Tim Leunig, "The Impact of Government Policies on UK Manufacturing since 1945," *Government Office for Science* (Oct. 2013): 9.

[2] Rowthorn, R. E. and Wells, J. R., *De-industrialisation and Foreign Trade* (Cambridge: Cambridge University Press, 1987).

第三，制造业比较优势的变化。

伴随经济全球化和国际产业分工形势的加剧，一般的 OECD 发达经济体的制造业在经济中的比重在不断缩减。虽然导致制造业不断缩减的因素很多，但最重要也是最根本的经济性因素是制造业部门相对服务业部门的价格在不断下降，导致要素禀赋等不断流失及转移。英国更不例外，在产业结构调整的历史进程中，制造业下降速度几乎比其他欧美等发达国家，如德国、法国、美国等，都要快。

英国是工业革命的发源地，直到第二次世界大战时期，英国都是全球的工业中心，主要输出制成品，换得食品及原材料。随着美国、德国及法国等工业国的崛起，英国工业发展受到极大冲击。为保护本国经济发展及产业，英国采取了贸易保护主义措施，并建立了优惠贸易区，主要对英联邦国家实行贸易优惠及对外开放，而对其他国家，如欧共体国家，采取贸易保护措施，限制进出口。根据鲍博瑞（Broadberry）[①] 和英国统计局数据显示，20 世纪 50 年代以前，英国主要以英联邦国家为主要出口地，出口份额占到英国总出口的 55%。但随着英联邦国家贸易的转向、独立及英联邦的解体，英国开始重新定位本国贸易区，开始将大量精力放在欧共体国家。

表 3 – 5 主要列出了英国整个 20 世纪向英联邦国家和欧共体与欧盟六国出口的贸易份额。刨除后加入欧共体的国家和欧盟东扩后英国与其他欧盟国家进行的贸易，仅仅英国与欧盟六国展开的贸易截至 1990 年已达到 41.3%，而与英联邦国家出口份额却下降到 16.7%。

表 3 – 5　英国出口到 "British" 国家和 EEC6 国的贸易份额

| 年份 | "British" 国家（%） | EEC6（%） | 年份 | "British" 国家（%） | EEC6（%） |
| --- | --- | --- | --- | --- | --- |
| 1907 | 32.2 | 24.8 | 1958 | 49.3 | 13.1 |
| 1912 | 36 | 22.7 | 1963 | 37.5 | 20.3 |
| 1924 | 42.1 | 18.7 | 1968 | 31.2 | 19.3 |

---

① Broadberry, S., *The Productivity Race: British Manufacturing in International Perspective, 1850—1990* (Cambridge: Cambridge University Press, 1997), p.97.

续表

| 年份 | "British" 国家（%） | EEC6（%） | 年份 | "British" 国家（%） | EEC6（%） |
| --- | --- | --- | --- | --- | --- |
| 1930 | 43.5 | 18.3 | 1970 | 25.1 | 21.7 |
| 1935 | 48 | 14.7 | 1980 | 20.1 | 34.6 |
| 1948 | 52.7 | 9.8 | 1990 | 16.7 | 41.3 |
| 1951 | 55 | 10.4 | 2010 | — | 34.2 |

注：目前，"British Countries"这个概念已不再使用，现包括爱尔兰自由帮、爱尔兰共和国、南非共和国以及英联邦国家。

数据来源：S. Broadberry and Tim Leunig, "The Impact of Government Policies on UK Manufacturing since 1945," *Government office for Science* (Oct. 2013): 11, 转引自：Broadberry (1997, p.96); UK Trade, Office for National statistics.

由此可见，自第二次世界大战后，英国已丧失了其全球工业帝国的核心地位，并将经济发展重心逐步回归欧洲大陆。表3-5已表明，欧共体六国乃至欧洲已超过英联邦国家，成为英国的主要贸易市场，尤其自英国1973年加入欧共体后。但加入欧共体，英国仍旧面临重大挑战，尤其是制造业。[1] 在欧洲大陆或者说在欧盟内部，英国工业尤其是制造业大国地位已被德国取代[2]，德国制造业成为西欧乃至欧洲的中心，而这一因素是导致英国产业结构从制造业向服务业快速转变的重要原因。对英国来说，相比制造业，英国服务业具有更加明显的比较优势和价格优势，不论在吸引就业方面，还是产出方面，英国借助服务业都可以快速恢复及提升本国经济。

但必须回答的一个问题是，自英国加入欧共体后，虽然进出口贸易额在逐年增加，但占据欧盟与欧洲总贸易份额的比重和在国际市场中的份额占比却在不断降低，此趋势在英国制造业中体现得尤为明显。伴随欧洲经

---

[1] Owen, G., *From Empire to Europe: The Decline and Revival of British Industry since the Second World War* (London: Harper Collins, 1999).

[2] 从一国产出和就业两方面看，1970年，德国制造方面的人均产出高出英国23%，而德国制造业方面的劳动力就业高出英国15%。就总的制造业产出看，德国已高出英国40%。由此看来，不论是人均产出、就业，还是总产出，截至20世纪70年代，德国制造业已赶超英国。

济一体化趋势的加强和经济全球化步伐的加快,英国产业结构比较优势呈现出二次转移的现象,即自由竞争环境促使英国从制造业不断向服务业转移,在国际分工形势下,制造业不断流向低成本制造中心国家。英国制造业国际发展形势具体见表 3-6。

表 3-6　　　　　各国制造业出口占世界比重　　　　单位:%

| 年份\国家 | 英国 | 法国 | 德国 | 美国 | 日本 | 中国 |
|---|---|---|---|---|---|---|
| 1881—1885 | 43 | 15 | 16 | 6 | 0 | |
| 1899 | 34.5 | 14.9 | 16.6 | 12.1 | 1.6 | |
| 1913 | 31.8 | 12.8 | 19.9 | 13.7 | 2.5 | |
| 1929 | 23.8 | 11.6 | 15.5 | 21.7 | 4.1 | |
| 1937 | 22.3 | 6.2 | 16.5 | 20.5 | 7.4 | |
| 1950 | 24.6 | 9.6 | 7 | 26.6 | 3.4 | |
| 1964 | 14 | 8.5 | 19.5 | 20.1 | 8.3 | |
| 1973 | 9.1 | 9.3 | 22.3 | 15.1 | 13.1 | |
| 1979 | 8.7 | 10 | 18.7 | 14.6 | 12.3 | |
| 1987 | 7.3 | 8.9 | 19.3 | 12.6 | 16.3 | |
| 2005 | 4.1 | 7.6 | 13.5 | 12.4 | 12.1 | 15.6 |

注:世界制造业总出口额排除了很小的制造业国家。因中国于 2001 年加入世界贸易组织(WTO),所以以前的数据不可用。

数据来源:Matthews et al.(1982:435);Broadberry(2004:64)。

根据马修斯[1]和鲍博瑞[2]统计的数据可以看出,英国虽然仍是世界主要制造业大国,但其制造业地位已被严重削弱。截至 2005 年,英国制造业出口占世界份额比重为 4.1%,与加入欧共体前的 9.1% 相比,下降 5 个百分点,更不能与之前作为世界工业大国时相较。相比之下,欧共体与欧盟内

---

[1] Matthews, R. C. O. and Feinstein, C. H., *British Economic Growth, 1956—1973* (Oxford: Oxford University Press, 1983), p.435.

[2] Broadberry, S., "The Performance of Manufacturing," in floud, R. and Johnson, P. (EDS), *the Cambridge Economic History of Modern Britain*, Volume III: Structural Change and Growth, 1939—2000 (Cambridge: Cambridge University Press, 2004), pp.57—83.

部，法国和德国制造业出口占世界份额虽体现出略微的下降之势，但并不十分明显。同时，伴随着欧洲经济一体化的加深和欧盟东扩，加之中国等新兴经济体的崛起，低成本价格优势导致国际分工局势日益明显，造成发达国家制造业出口的分流现象和贸易出口额的相对降低。

综合而言，欧共体/欧盟作为英国经济发展中的一个重要影响因子，对英国经贸市场、制造业结构和产业结构演进都构成了一定程度的威胁和冲击。虽然不能明确判定欧共体/欧盟到底给英国经济及产业结构带来多大程度的影响和冲击，但可以断定是欧共体/欧盟的大的市场环境加速了英国的"去工业化"，加速了英国从制造业向服务业快速乃至过度转移的进程，甚至产业结构演进的进程。当然，影响从来都不会停留在单方面，与其结构变化相伴而生的便是英国对产业结构的调整、产业政策和宏观政策的实施，不论正确与否，都对英国的产业结构和经济发展造成了极为深刻的影响。

## 第三节 英国的快速"去工业化"

### 一、对"去工业化"的界定

《新帕尔格雷夫经济学大辞典》对"去工业化"（非工业化，De-industrialization）进行了界定，认为制造业部门产出和就业下降就是一种典型的"去工业化"现象。辛格[1]进一步指出了非正常化的结构性失衡的"去工业化"。他认为，在开放经济体中，"去工业化"是产业结构失衡的重要表现，在与世界其他国家的相互作用范围内，根据贸易和国际收支状况表现即可分析。[2] 英国政府于 2013 年在《英国国际产业政策的经验和教训》中对"去工业化"做出正式界定，认为英国的"去工业化"正式始于 20 世

---

[1] Singh, A., "UK Industry and the World Economy: A Case of De-industrialization?" *Cambridge Journal of Economics 1*, No. 2 (Jun. 1977): 113—116.

[2] 约翰·伊特韦尔主编《新帕尔格雷夫经济学大辞典》（第三卷），经济科学出版社，1992，第 327 页。

纪 70 年代，是工业及制造业活动的削减和工业化程度的降低。更具体地说，是英国制造业规模的不断缩减和制成品出口份额的大幅下降。①

## 二、英国制造业表现和快速"去工业化"

从英国工业发展历史进程看，1860 年，英国制造业产出份额占世界总产出份额的 20%，而人口仅占世界总人口比重的 2.5%。1870 年，英国制造业出口已占到世界总贸易额的 46%，其工业和制造业的霸主地位无任何一国可以企及。经济的发展成效往往在比较中才会更加清晰。截至 2012 年，英国虽是世界第八大制造业生产国，但从人均制造业附加值（MVA）数据看，英国人均制造业附加值仅为 3731 美元，排在第 24 位，与第一位 11772 美元的爱尔兰差距甚大。英国工业和制造业地位的下降并非简单地由制造业规模缩减所致，更重要的是英国对制造业在经济中所占地位的不断忽视和出口份额的下降。②

图 3-3 阐述了英国 1970—2010 年制造业附加值份额和制造业就业所占份额情况，可以看出，英国在过去 40 多年间，制造业附加值份额占比从 1970 年的近 30% 下降到 2010 年的 11%，截至 2015 年，制造业附加值占比已下降至 10.2%。③制造业就业份额下降幅度更大，1970—2010 年，就业下降了 20%。就制造业附加值份额占比情况看，与欧盟其他国家相比，英国制造业附加值占比下降幅度最大，较欧盟其他国家下降份额高出 5 个百分点。同时，从制造业贸易情况看，与欧盟国家相比，英国制造业贸易份额占 GDP 的比重在 40 年间下降迅速，1970 年英国制造业贸易顺差占 GDP 比重为 4.7%，而 2010 年变为 -4.5%，下降 9.2 个百分点。相比之下，欧盟国家制造业贸易额虽存在波动，但比重变化不大。由此可见，英国"去工业化"的速度较其他国家更加快速。

---

① Government Office for Science, International Industrial Policy Experiences and the Lessons for the UK（OCT. 2013），p. 6.
② 具体数据来源于联合国工业发展组织（UNIDO）和 Government Office for Science, Re-industrialization——A Commentary（Oct. 2013），p. 7.
③ 数据来源：世界银行（WB）。

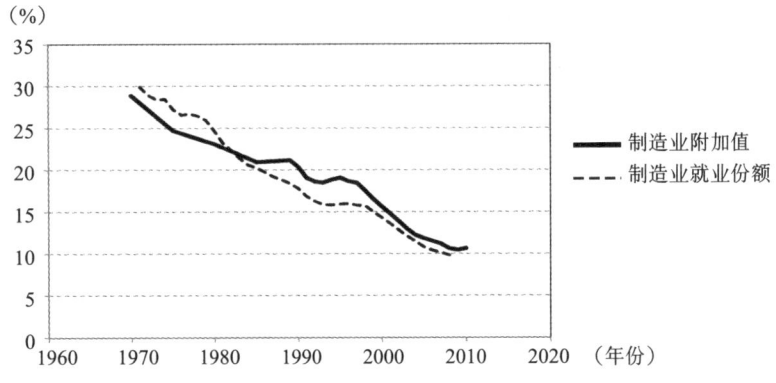

图 3-3 英国制造业附加值和制造业就业份额占比

资料来源：Government Office for Science, Re-industrialization——A Commentary, OCT. 2013, p. 8.

从英国产业结构演进和经济发展历程看，英国既是工业革命的发源地、引领世界走向工业化进程的先驱，也是"去工业化"速度最快的国家。第一，英国是目前主要发达国家中制造业附加值最低的国家。根据UNIDO统计数据，1990—2010年，英国MVA占GDP比重下降2.4%，且是目前制造业附加值占比在10国中最低的国家。第二，英国工业竞争力下滑速度最快。第三，英国对制造业部门的转型升级力度不够。目前为止，英国是唯一一个中高端技术制造业附加值占总附加值比重和制造业出口比重都呈现不断下降趋势的国家。

# 第四节 小结

## 一、第二次世界大战后英国经济宏观表现

第二次世界大战后，英国经济发展的一个重要特点是经济增长缓慢，危机频发。数据显示，1982年英国的国内生产总值是1948年的2.2倍，年平均增长率为2.4%，这在主要的资本主义国家中是最低的。从生产率水平看，尤其是第二次世界大战后，英国的生产率水平从未赶超过美国、法国、德国等国家。虽然在20世纪90年代其生产率水平有所提高，较它

国差距有所降低，但 2000 年后，尤其是金融危机后，其差距又不断加大。

从第二次世界大战后英国经济表现看，英国经济的脆弱性暴露无遗，其中最明显的特征是，经济增长率的最高点从未超过主要资本主义国家，但在爆发经济危机期间却往往会最先陷入危机而又最迟摆脱困境。据统计，英国在 1951—1952 年、1957—1958 年、1961—1962 年、1966 年、1971—1972 年、1974—1975 年、1979—1981 年，先后爆发了 7 次经济危机，每次危机过后都恢复缓慢。尤其是后两次危机，不仅持续时间长，且物价大幅度上涨，失业率猛增。[①]

金融危机爆发后，英国虽然是欧洲国家中经济复苏较快的国家，但从英国的贸易地位、产业竞争力及生产率水平看，却一直呈现出不断下滑的态势。

## 二、第二次世界大战后英国经济结构和产业结构变化

第二次世界大战后，英国产生的另一个较为明显的变化即经济结构和产业结构的变化。

从三次产业结构看，1948—1980 年，各产业部门在国内生产总值中的比重为：第一产业（农、林、渔业）从 6.3% 下降到 2.5%；第二产业（包括采掘业、制造业、建筑业和公用事业）从 48.1% 降为 41.3%；第三产业（主要包括交通运输、商业、服务业、住房、金融、医疗和教育等）从 45.6% 上升到 56.2%。1980—2015 年，英国产业结构变化更大，尤其从加入欧共体/欧盟后，英国经历了极其迅速的"去工业化"，主要表现为工业与制造业的迅速萎缩和服务业的迅速扩大崛起，主要表现在三次产业结构的产值和就业所占比重。截至 2015 年，英国农业、工业及服务业的产出占 GDP 比重分别为 0.67%、20.1% 和 79.1%，而就制造业而言，2015 年英国的制造业产出占 GDP 比重为 10.2%，仍处于不断下滑趋势。1980—2015 年，英国工业占比从 41.3% 已下滑至 20.1%，工业与制造业萎缩下

---

[①] 仇启华等主编《世界经济百科全书》，中国大百科全书出版社，1987，第 816 页。

滑的速度大大加快。而从就业情况看，与 OECD 其他国家相较，单看英国制造业人数，从历史上的峰值——1966 年的 840 万人，降低到 2015 年底的 243 万人，降幅达 246%。①

从单独的制造业出口结构看，1950 年以前，英国仍是以出口制成品为主的工业强国和工业霸权国家。出口产品结构主要以半成品和产成品为主，分别占据出口份额的 40% 和 41%，而食品、饮料和烟草占据 7% 左右，原材料和燃料分别占据 6% 和 3%。从出口的产业结构中可以看出，1950 年英国五分之四出口的是制成品，如机械、交通设备、化学化工及纺织等。曼塞尔（Mansell）② 指出，第二次世界大战时期，英国制造业出口份额仍占世界总出口额的四分之一以上。同时，英国也在英联邦国家占据最主要的工业地位。但一个不可否认的事实是，与英联邦国家及发展中国家的主要贸易也影响了英国商品的质量和出口结构，其商品主要适用于气候变化较为明显的地区，如干旱与多雨地区，却不能满足更高收入国家的复杂多元化的需求。尤其在 20 世纪 50—60 年代，虽然英国的出口有所增长，但仍旧不如德国、日本等国家出口增长快，也慢于其进口速度。伴随着英国主要贸易伙伴国经济的发展及不断实现工业化，发展中国家、英联邦国家虽然对机械、纺织等需求增加，但伴随着这些国家工业化的不断成熟及地位的独立，英国面临来自这些发展中国家的竞争也在不断增强。英国的传统贸易产业，如纺织业，越来越受到挑战及竞争冲击。英国向来有一个牢不可破的准则，即一个国家只有进行用工业品来交换农产品和原料的国外贸易，才能达到最高度的富强。但也是这一准则，让其他国家在"干中学"中壮大了本国的工业经济。同时，伴随"英帝国"的解体，英国必须将贸易重心不断向欧洲及世界转移，也必须适应国际经济环境及格局的变化。

工业各部门内部发展不平衡。就制造业而言，一些传统工业部门，如

---

① 1980 年以前的数据来源于：约翰·伊特韦尔等编著《新帕尔格雷夫经济学大辞典》（第三卷），经济科学出版社，1992，第 327 页。
1980 年后的数据主要来源于世界银行（WB）和英国统计局（ONS），部分数据由笔者依据数据库数据计算所得。

② Mansell, K., "UK Visible Trade in the Post-war Years," *Economic Trends* (Oct. 1980).

冶金、造船、纺织等，曾在工业革命中起到重要作用，第二次世界大战后由于设备陈旧、固定资本更新慢、盈利少而日益衰落。同时，新兴工业部门如机械、电器、仪表和化工等工业发展较快。发展中国家的竞争优势逐渐凸显，导致工业部门内部的不平衡性逐渐加大。

### 三、英国工业萎缩及经济下滑的原因

第一，英国经济增长缓慢主要原因有以下三方面。首先，英国殖民体系的瓦解直接令英国经贸"折翼"。"英帝国"的解体是英国经济环境发生根本变化的"第一导火索"。过去受英国控制的殖民地从20世纪50年代起纷纷独立，使英国丧失大片土地和开采矿产资源的特权，同时限制了英国借资本输出而进行的剥削，导致英国国外的传统经贸市场大幅缩小。[①] 其次，英国国内经济的不稳定，使内外投资缺乏信心，资金外流，导致制造业因缺乏合理有效的投资而更加萎靡不振。最后，"扭曲"的宏观经济政策和利益集团的驱使使英国经济结构更加失衡。工业地位的不断下滑直接导致出口的下降和贸易收支的不平衡，外贸收支的逆差导致国际收支危机和英镑危机。在英国利益集团看来，保护英镑地位要比促进制造业的发展重要得多，故而政府屡次采取紧缩的经济政策维持汇率稳定，进而也加重了工业及制造业的萎缩局面。

第二，辛格[②]在关于"去工业化"的问题中指出，民众之所以会关切"去工业化"的工业，并非是对技术和需求发生自然改变的工业的关切，其真正关切的是整个国家所出现的非正常化的结构性失衡的工业和制造业，这种失衡给国家经济造成了种种恶劣的总后果。结构性失衡的表现正是目前多数国家正在极力倡导实施的产业结构调整政策，力求通过纠正结构性失衡，再次达到产业结构的合理化水平。

产业结构失衡造成各部门增长的不平衡。与其他发达国家如美国、德

---

[①] 仇启华等编《世界经济百科全书》，中国大百科全书出版社，1987，第816页。
[②] Singh，A.，"UK Industry and the World Economy：A Case of De-industrialization？" *Cambridge Journal of Economics I*，No. 2（Jun. 1977）：113—116.

国和法国相比,更加不平衡的增长方式给英国带来如下问题。首先,英国工业,尤其是制造业增长率缓慢。其次,金融业虽增速明显加快,但并不能说明经济的发展。因为伦敦是国际金融中心,保险、银行和其他金融机构的相当部分业务是国际转口金融业务。最后,英国是标榜的"福利国家",其过重的保健和教育支出增加了国家的财政负担,而不断下滑的经济又令英国雪上加霜。

第三,第二次世界大战后英国经济政策指导思想的"错置"导致本国工业竞争力逐渐丧失。英国经济政策的变动方向是由凯恩斯主义的"需求管理"转向撒切尔夫人实施的"新自由主义"。准确地说,在主要的发达国家不断推行自由化、鼓励企业竞争和不断实现科技技术创新的局面中,英国因大量实施国有化、全力保护本国传统产业,进而导致本国工业和制造业在国际不断创新的态势中故步自封,失去了改革的好时机。而加入欧共体后,面对欧共体/欧盟实施的自由竞争政策,英国政府对企业的突然放松管制和自由竞争令本国本就萎靡的工业和制造业几近崩溃,可谓雪上加霜。总的来说,英国产业政策和经济政策的扭曲"错配"令本不顺利的工业发展步履维艰。

第四,英国工业地位和国际地位的下降主要存在三个方面的原因。首先,"英国病"及"英帝国"的解体是英国工业地位下降的前提。其次,英国产业政策和宏观经济政策的扭曲导致英国"去工业化"程度加快,国际工业地位迅速下滑。(要素投入的增长,如资本和劳动力,与生产率的增长密切相关。所以,与劳动力供给增长速度更快的欧洲大陆国家相比,第二次世界大战后英国的经济增长率会受到很大限制。在经济要素投入供给有限的情况下,价格也会更加昂贵。① 详见第六章。)最后,加入欧共体/欧盟后,激烈的竞争环境和竞争规则加深了英国产业结构的不平衡性,是导致英国工业地位和国际地位迅速下滑的催化剂。

---

① Peter Hall, *Governing the Economy: The Politics of State Intervention in Britain and France* (Cambridge: Polity Press Ltd, 1986), p. 31.

# 第四章 第二次世界大战后英国产业结构调整具体措施

英国产业结构的失衡问题直接关系着本国经济发展的稳定性及未来经济的走向。涉及产业结构调整，"为什么"的问题是分析产业结构调整最基本也是最根本的问题，只有界定清晰为何而调的问题，才能进一步明确地分析出"怎么做"的问题，即如何调整英国的产业结构，乃至平衡。这也是本书至关重要的一个章节，即为核心章节之一。

本章节分析第二次世界大战后英国产业结构的调整过程及内容，主要按照两条主线进行。一方面，按照时间顺序，从宏观角度出发，分析产业政策和经济政策在产业结构调整中的表现，即 1945 年以来英国各个发展阶段中，产业政策和经济政策的主要内容和作用；另一方面，分析金融危机后英国"再工业化"政策在新一轮产业结构调整中的主要表现。

## 第一节 第二次世界大战后英国产业政策在产业结构调整中的表现

### 一、对产业政策合理性的重新定位

关于产业政策的合理性，学术界一直存在着关于自由主义和政府干预主义的争论，因此迟迟未能就产业政策的定义做出清晰界定。20 世纪 80 年代以前，对多数国家而言，产业政策意味着直接干预，对企业和产业展开直接控制，典型的政策措施包括价格控制、直接给予企业生产补贴、进口限制、出口补贴和国有化等。①80年代后，伴随着经济全球化和国际分工形势的增强，新自由主义经济发展模式占据国家经济政策和产业政策的主导地位，而直接干预式的产业政策逐渐式微，取而代之的是开放经济条件下的自由竞争政策和一系列鼓励创新政策。直至2008年的国际金融危机，学术界又一次掀起对产业政策合理性的争论潮。

伴随全球金融危机的爆发及接踵而至的经济大萧条（2008—2013年），越来越多的对经济的争论关注点转向了经济结构的"再平衡"，从过度依赖消费主义和金融服务业提振经济转向更加可持续的生产性发展观。经济发展模式的转变也同时重新加大了国家角色的力量及对实施产业政策（产业战略）的积极回应。尤其在金融危机后，对产业政策的重新认识和对国家广泛干预角色的认可充分反映出各国对产业政策的重新定位。其中，争论最多的是英国于20世纪80年代实施的新自由主义政策。

在实施新自由主义政策的近35年里，英国经济呈现出的主要特点是债务增加、结构性失衡加重、制造业生产能力大幅下滑、贸易收支长期逆差及不断增加的地区不平衡性。相反，金砖国家经济发展的相对成功及日本、韩国、德国及美国强大经济地位的确立都表明国家角色及发挥积极作用对经济增长的重要性。②而真正又一次推动产业政策发展的是经济全球化、全球竞争加剧、"去工业化"、不断提高的失业率及不断放缓的生产率增长和经济增长。在如此发展背景下，英国经济结构的严重失衡和面临的不确定性经济发展前景导致英国不得不借助产业政策及国家的作用对产业结构进行合理化的纠正，以期达到产业结构的"再平衡"。

## 二、第二次世界大战后英国产业结构调整的主要措施

第二次世界大战后，伴随着英国经贸市场环境、竞争政策和面临的全球竞争环境及国际分工等形式不断变化，为提升经济竞争力及整体的经济

---

① 孙彦红：《欧盟产业政策研究》，社会科学文献出版社，2012，第1页。
② David Bailey and Keith Cowling, *New Perspectives on Industrial Policy for a Modern Britain* (Oxford: Oxford University Press, 2015), p. 3.

增长，英国对产业结构进行了分阶段调整，其中最主要的产业结构调整手段即为产业政策调整。对于所实施的产业政策，可以根据政府的干预程度和对企业的扶持力度，将其划分为两个维度，即横向政策（Horizontal Policy）①和部门政策（Sectoral Policy）②。横向政策一般适用于所有或多数制造业部门，致力于为其创造良好的发展环境；而部门政策具有更强的政府干预性，对具体部门产业发展的针对性较强。英国实施的产业政策，也会根据经济发展的不同需要而不断在横向政策和部门政策干预之间寻求适当的平衡。③

针对产业政策的实施，自第二次世界大战以来，根据横向政策和部门政策两个维度，英国在经济发展的不同阶段采取了不同的产业政策④，具体分为四个阶段：第二次世界大战后至20世纪70年代末的大规模国有化改革及国家的强力干预；20世纪80年代初至90年代新自由主义经济发展模式下的自由竞争；20世纪90年代至2008年实施的长期自由竞争政策及选择性短期扶持政策；金融危机后，重振制造业展开的新一轮产业结构调整实施的"再工业化"政策。

（一）第二次世界大战后至20世纪70年代末：打造"冠军产业"和大规模国有化改革

第二次世界大战后至20世纪70年代末，英国实施产业政策的主要特点和手段是以部门政策为主，着力打造"冠军产业"和实行大规模国有化改革。第二次世界大战后至1979年之前，部门产业政策一直主导英国产业经济

---

① 横向政策（Horizontal Policy），即经济发展运行中的合法、制度化的框架，是产业战略的重要保障。横向政策主要包括产业发展制度、相关预算、贸易及竞争政策、研发技术与科技创新等。在横向政策框架内，充分发挥部门政策的作用，是促进产业及经济发展的有效工具。

② 部门政策（Sectoral Policy），主要针对传统产业、优势产业和高新技术产业的发展进行有效调整，使产业战略在实施中发挥重要作用。在英国的产业政策调整中，政府会根据产业结构发展情况不同而在横向政策和部门政策间做出调整。

③ Owen, G., "Industrial Policy in Europe since the Second World War: What has been Learnt?" *ECIPE Occasional Paper*, No.1 (2012). Department of Management, London School of Economics (2012), http://www.ecipe.org/publications/industrial-policy-europe-second-world-war-what-has-been-learnt/.

④ 本文对产业政策调整阶段的划分与英国经济发展阶段相匹配。

发展，实施的主要政策手段包括：鼓励打造"冠军产业"、国有化、投资补贴、选择性的就业税收、公共部门采购及鼓励外国直接投资（FDI）。

就英国而言，第二次世界大战后为调整产业结构所采取的最显著的产业政策是，在政府的强力干预下打造"冠军产业"和实行大规模国有化改革。之所以在第二次世界大战后的20世纪六七十年代实行这项政策，主要原因在于第二次世界大战后英国不断落后的经济生产力表现和大幅下降的世界制造业出口份额。英国政府认为，在当下的国际竞争环境及本国企业内部等发展条件下，私有部门没有足够的能力或者根本没有能力带动本国经济增长，有效地提高生产率和在国际中的竞争力。同时，给英国实行国有化产业政策启发的是美国制造业的迅速崛起[①]，英国认为实现制造业的规模生产乃至标准化生产是令英国制造业再次强大，进而复苏本国经济和提振经济增长的有效途径。

英国在20世纪70年代末之前所实行的"冠军产业"政策包含两个显著的特性。第一，不论是政府部门还是私有部门，都要努力打造"冠军产业"。政府在其中进行着强有力的干预，这也是最主要的特点。第二，政府鼓励私有部门兼并者不断打造强有力的英国企业。但不论怎样，都离不开政府的干预。但此项政策最终以失败而告终。当然，"冠军产业"政策有其成功之处，一些大型企业在大力扶持下发展较为顺利，如汽车业、航空业、通信技术行业及制药行业等。这些行业在经历了自由竞争及之后的政府极力扶持后，目前仍然是英国的优势竞争产业。但此政策仍然以失败而告终却是毋庸置疑的。英国意图借助此项政策缩小与美国、日本等发达国家在世界市场中的技术和生产率差距，并作为提高国际竞争力的重要参数，但英国政府所实现的这项过度"部门化"的产业政策令多数产业丧失了竞争优势和发展的有利的条件，进而导致多数产业生产地位的丧失。

而20世纪70年代末之前，英国所实行的另一项主要的产业政策即为

---

[①] 阿尔弗雷德·马歇尔（Alfred Marshallz）在《产业与贸易》一书中曾指出，美国制造业的迅速崛起得益于对制造业所采用的合理的产业政策，即在恰当的时刻对制造业实现的规模化生产，进而实现的标准化生产模式。此种制造业发展模式也奠定了美国超越英国后的工业大国地位。

大规模的国有化产业政策。伴随着打造"冠军产业"(或可称为"龙头企业")计划的失败,英国工党政府开始尝试国有化政策。但过度的"部门化"干预和政府本身的过度干预弱化了大多数企业在本国及国际市场中的产业竞争力。同时,在国有化改革过程中,政府高估了市场失灵带来的风险,同时也低估了改革失败带给企业和国家的损失。① 表 4 – 1 阐述的是1948—1978 年英国国有化产业的劳动生产率,在列举的 10 个产业中,从各个时间段劳动生产率的变化可以很清晰地看出,国有化的过程大大削弱了产业的劳动生产率水平,近乎一半的产业呈现负增长,而多数产业生产率水平出现了大幅下降,其中部分产业已被淘汰。另外,从经济表现看,国有企业的高成本、低效率加重了英国的经济停滞;国有企业挤占了大量资金,加速了英国的通货膨胀,同时,工会势力膨胀也加剧了劳资关系的紧张。②

表 4 – 1　　　1948—1978 年英国国有化产业的劳动生产率

| 年份<br>产业 | 1948—1958 | 1958—1968 | 1968—1978 | 1978—1985 |
| --- | --- | --- | --- | --- |
| 钢铁产业 | — | — | -0.2 | 12.6 |
| 航空业 | 14.0 | 8.9 | 6.4 | 6.6 |
| 电力产业 | 4.6 | 8.0 | 5.3 | 3.9 |
| 煤气 | 1.6 | 5.5 | 8.5 | 3.8 |
| 道路货运 | 0.8 | 4.9 | — | — |
| 煤炭 | 0.9 | 4.7 | -0.7 | 4.4 |
| 铁路 | 0.3 | 4.3 | 0.8 | 3.9 |
| 公共汽车 | 0.6 | -1.4 | -0.5 | 2.1 |
| 邮政 | — | — | -1.3 | 2.3 |
| 电信 | — | — | 8.2 | 5.8 |

资料来源:Broadberry, S. and Tim Leunig, "The Impact of Government Policies on UK Manufacturing since 1945," *London School of Economics* (2013): 25,转 Hannah (2004: 93).

---

① 王展鹏主编《英国发展报告 (2015—2016)》,社会科学文献出版社,2016,第 206 页。
② 毛锐:《撒切尔政府私有化政策研究》,中国社会科学出版社,2005,第 28—33 页。

综合而言，大规模的国有化改革所带来的结果是，改革后只有少数企业或产业，如制药行业、航空行业、汽车业等在经历了重点扶持、国有化及激烈竞争的洗礼后，仍发展较为良好外，大多数的国有化企业都逐渐被欧盟内的激烈竞争和国际市场的竞争规则所淘汰。这也是英国制造业加速"去工业化"和产出规模及地位不断下滑的重要原因之一。

（二）20世纪80年代初至90年代：新自由主义发展模式下的私有化和自由竞争

撒切尔政府执政时期，英国最突出的产业政策是大规模私有化和自由竞争政策。身处经济全球化、欧洲经济一体化及自由竞争的国际大环境下，为快速发展经济、提升国际竞争力，英国的产业政策实现了由部门政策向横向政策的快速转变。

撒切尔政府私有化政策的进程始于20世纪80年代初。撒切尔政府推行私有化政策经历了一个从货币主义到私有化的转变过程。在撒切尔夫人执政的近12年间，英国的私有化大体经历了三个阶段，第一阶段为1979—1983年的私有化尝试阶段，第二阶段为1984—1987年的私有化大发展阶段，第三阶段为1987—1990年的私有化深入发展阶段。[①] 在推动私有化过程中，所采用的私有化方式主要有四种，即出售公共部门的部分资产、自由化、特许投标及由私人协助公共部门提供劳务。而针对英国的私有化改革，是撒切尔政府针对英国国有企业的弊端而起，是对第二次世界大战后英国保守党与工党之间曾形成的一种过于追求国家干预经济的"共识政治"的反动政策，更是对日益经济全球化和自由竞争的反馈。

1. 新自由主义思想

新自由主义思想建立于市场力量的基础之上，它不仅继承了古典自由主义的基本思想，更是市场上唯一可以自我调节的分配器。通过收益、价格、竞争和供求创造性的相互作用，市场得以运行，并鼓励效率、刺激创新，进而给消费者提供更丰富多彩的商品。在自由市场思想的调控下，新

---

① 毛锐：《撒切尔政府私有化政策研究》，中国社会科学出版社，2005，第9页。

自由主义对国家的作用主要包括两个方面：第一，国家不应禁止市场成为经济发展和繁荣的动力；第二，国家的活动不能破坏或阻止自由。

受新自由主义思想的影响和本国严重经济危机的冲击，撒切尔政府于20世纪80年代初展开了大刀阔斧的私有化改革进程。

2. 撒切尔政府与私有化改革

（1）简单货币主义实践的失败。撒切尔政府执政时期，一直将控制通货膨胀、稳定汇率和确定货币币值稳定作为改革的核心政策。因为她认为，"一个负责任的政府首要的义务是重新确立货币币值的稳定，将通货膨胀从体制中清除出去，因为通货膨胀是滋生失业的温床"。[1] 为此，撒切尔政府大幅度提高利率及收紧货币和财政政策，不仅严格控制货币供应量，而且大幅缩减政府公共开支。这种调控通货膨胀和稳定经济的手段虽然在一定程度上稳定了币值，使得英镑汇率坚挺，但却给英国经济带来更加严重的问题。居高不下的英镑汇率直接限制了英国制造业及商品贸易的出口，进口商品价格下降而出口商品价格的节节攀升无疑降低了英国制造业及制成品的出口竞争力，既造成了制造业的不断萎靡，也是造成严重失业的重要因素。同时，英国货币主义实践失败的另一原因在于欧共体。伴随着欧洲货币联盟的发展，欧盟要求各成员国既要维持国内价格稳定，又要维护欧洲货币体系下的汇率机制，这与英国本国宏观经济政策相悖。在内部与外部双重压力下，英国将政策不断向私有化方向转变。

（2）撒切尔政府与英国私有化进程。客观来说，撒切尔政府所实行的私有化政策在推动英国经济和产业发展方面仍存在争论。一方面，英国的私有化是大势所趋，也是20世纪80年代经济全球化浪潮下改革的必然。伴随着第三次科技革命进入新一轮高潮，各国产业结构的转型升级如火如荼。那么，体制僵化及低创新的国有化企业必然会成为阻碍英国实现有效竞争的关键要素，而私有化政策则是积极响应经济全球化浪潮的有效手段和工具之一。同时，新的市场需求和技术变化导致政府原有的高度垄断和

---

[1] M. Thatcher, *The Revival of Britain: Speeches on Home and European Affairs* (London, 1989), p. 1.

干预方式已不再能够适应激烈的国际市场竞争。所以，私有化是撒切尔政府执政后坚持推行的政策。撒切尔政府认为，第二次世界大战后英国政府对经济和产业政策的干预太多。与之不同的是，撒切尔政府更加强调市场的力量，认为自由竞争和市场是推动企业改革和实现经济长久发展的根本所在。尤其在新一轮经济全球化浪潮下，国有企业的优势地位不断丧失，以钢铁、煤炭等为基础的传统产业在国际市场中的需求不断萎缩。为维持经济的可持续增长及企业的生存，技术革新及政策改革迫在眉睫。撒切尔政府的私有化改革更加限制政府的作用，力求"把国家干预推回去"，采取的主要方式为，充分结合宏观和微观经济政策，建立在货币主义和供应学派观点基础上，采用"宏观调控微观"的方式，达到调控国家经济和政策的目的。① 理论上来说，撒切尔政府私有化政策的推行是对全球化浪潮的积极反应，更是生产力发展的必然结果，其最终目标是重塑英国，希望通过彻底的私有化来改变英国经济和政治结构、企业和产业的发展模式，但结果并不令人满意。另一方面，英国激进的私有化改革进程令国家陷入另一种形式的"垄断"漩涡中。撒切尔夫人希望通过大规模的私有化，缩小国家干预的范围，改变大众对国家的态度。但过紧的财政、货币政策及不合理的宏观经济政策严重损害了制造业的发展，并导致大量失业。

对于私有化改革，绝大多数评论家认为其存在相当多的问题，这也是导致撒切尔政府下台的主要原因。（撒切尔政府所实施的宏观经济政策详见本章第二节。）同时，私有化进程及新自由主义发展模式下的自由竞争政策加剧了英国制造业的衰落，使本国产业结构迅速分化。自由竞争使劳动力、资本、技术等核心要素禀赋越来越流向具有比较优势的产业，如金融业、保险业等服务业，致使制造业在优势不断缺失的情况下进一步衰落。

（三）20世纪90年代至2008年：长期的自由竞争政策和对运行不佳产业的短期扶持

20世纪90年代至金融危机前，英国政府采取的产业政策仍以长期的

---

① 毛锐：《撒切尔政府私有化政策定位分析》，《探索与争鸣》2005年第6期，第50—53页。

自由竞争政策为主，适当对运行不佳的优势产业和重点产业进行短期扶持，主要目的是试图"纠正"失衡的产业结构。此次产业结构调整所奉行的产业政策的主要特征在于，长期奉行自由竞争政策，而对运行不佳的产业仅仅给予短期的相对扶持，即以横向政策为主，而以部门政策为辅，事实上，这对日益出现"产业空心化"和服务业过度金融化的英国来说，助益不大。反而，这种处于宽松管制状态下的新自由主义发展模式下的产业政策致使英国工业和制造业不断趋向"空心化"，并且不断丧失制造业市场，进而削弱了制造业在英国经济中的重要地位及在国际市场中的地位。

但这一时期，尤其是2000年后，英国实施的产业政策着力点更为明确，即竞争政策和科技政策，试图通过提高技术、创新和企业的表现力来创造动态的、创新型的经济发展模式。[①] 同时，此阶段实施的产业政策对英国的一些传统优势制造业和高端技术制造业仍具有十分重要的扶持作用。从本国制造业所凸显的显性比较优势指数看（具体见表4-2），英国许多传统制造业的比较优势已逐渐消失，如纺织业，从1970—2006年英国制造业的显性比较优势看，纺织业比较优势指数从0.93降为0.47，竞争力不断降低。但一些产业在政府的扶持下，尤其是高端制造业，近些年发展十分迅速，比较优势明显，如造船业、化工产业、信息通信技术（ICT）、航空业、制药行业等。这些产业的迅猛发展主要源于政府的不断扶持和合理投资，在国际竞争中，效果不断显现。

表4-2　英国制造业显性比较优势（RCA）指数变动情况

| 年份<br>产业 | 1970—1974 | 1980—1984 | 1990—1993 | 2006 | 年份<br>产业 | 1970—1974 | 1980—1984 | 1990—1993 | 2006 |
| --- | --- | --- | --- | --- | --- | --- | --- | --- | --- |
| 食品和饮料 | 0.71 | 0.87 | 0.93 | 0.79 | 非电子类机械 | 1.12 | 0.96 | 0.82 | 0.81 |
| 纺织和服装 | 0.93 | 0.84 | 0.79 | 0.47 | 计算机 | 1.12 | 1.12 | 0.93 | 1.33 |

---

① John Beath, "UK Industrial Policy: Old Tunes on New Instructures?" *Oxford Review of Economic Policy* 18, No. 2 (2002); *The Economic Record of the Labour Government since* 1997 (Summer 2002), pp. 221—239.

续表

| 年份\产业 | 1970—1974 | 1980—1984 | 1990—1993 | 2006 | 年份\产业 | 1970—1974 | 1980—1984 | 1990—1993 | 2006 |
|---|---|---|---|---|---|---|---|---|---|
| 木材和家具 | 0.22 | 0.32 | 0.29 | 0.39 | 电子机械 | 1.08 | 1.19 | 1.53 | 1.03 |
| 纸张和印刷 | 0.54 | 0.62 | 0.8 | 1.15 | 通信设备 | 1.03 | 0.99 | 0.84 | 0.6 |
| 化工产业 | 0.96 | 1.16 | 1.17 | 1.13 | 造船业 | 0.72 | 0.72 | 1.02 | 2.52 |
| 制药行业 | 1.46 | 1.54 | 1.61 | 2.11 | 其他交通设备 | 0.59 | 0.52 | 0.94 | 0.34 |
| 石油精炼 | 1.1 | 1.27 | 1.36 | 0.79 | 汽车、机动车辆 | 0.72 | 0.61 | 0.4 | 0.36 |
| 橡胶和塑料 | 0.96 | 1.02 | 0.95 | 0.82 | 航空航天 | 0.94 | 0.62 | 0.67 | 0.94 |
| 非金属矿物质 | 0.98 | 0.84 | 0.81 | 0.75 | 航空业 | 1.49 | 1.98 | 1.83 | 1.72 |
| 黑色金属 | 0.58 | 0.51 | 0.89 | 0.69 | 精密仪器 | 1 | 1.15 | 1.07 | 1.23 |
| 金属产品 | 1.27 | 1.21 | 0.98 | 0.79 | 其他制造业 | 2.48 | 1.93 | 1.57 | 1.26 |

资料来源：Broadberry, S. and Leunig, T., "The Impact of Government Policies on UK Manufacturing since 1945," *HM Government* (OCT. 2013): 17 (Table 7).

（四）2008年金融危机后：重振制造业，推行新型产业政策

金融危机的爆发让英国重新认识到制造业发展的重要性。为加速制造业回流及提升科技创新，英国产业政策更加明确，即以横向政策为基础，更加重视部门政策的实施，适时加大政府的干预力度。与以往调整阶段的产业政策不同，金融危机后，英国更加强调技术与科技的创新。[①] 在此前提下，大力发展"高端智能+绿色低碳"产业，进而努力实现产业结构的"再平衡"。

从此阶段的产业结构调整效果看，目前英国部分制造业产业的国际竞争力有所增强，但大部分制造业在本国及国际经济中一直呈现下滑趋势。同时，在世界经济疲软和国际政治形势动荡背景下，英国产业结构发展形势仍旧不够明朗，且英国"退欧"后产业政策会继续做出相应调整。

英国对产业结构的调整绝不会仅仅停留在产业政策方面。为提升本国竞争力及实现产业结构"再平衡"，英国在产业政策基础上对产业的具体发展方向做出了进一步部署，主要体现在以下四个方面：

---

① John Beath, "UK Industrial Policy: Old Tunes on New Instructures?" *Oxford Review of Economic Policy* 18, No. 2 (2002): 221—239.

第一，加速制造业回流，并加大对生产业的投入。金融危机后，英国针对制造业发展做出系列部署，先后制定了《制造业未来》等系列发展报告，不仅对英国制造业发展做出全面评估，更对英国未来产业及制造业发展趋势做出指导。同时，英国政府也加大了相关生产业的投入力度，从而更好地实现产业的平衡发展。2015年2月，政府对建筑业拨款10400万英镑，其中2200万英镑用于改进装配技术、提高生产力和降低成本，进而扶持产业供给链发展，引进数字工程和安装技术。① 为促进生命科学产业的发展，英国为生命科学的创新投资2000万英镑②，为生命科学在国际中的领先地位做进一步铺垫。

第二，更加重视科技与数字信息技术的开发，努力实现技术与生产网络的融合。2015年2月，英国制定《数字经济战略（2015—2018）》规划，旨在全力发展全球数字服务业市场。此规划指出，2015—2018年，英国每年会投入3000万英镑用以支持英国在数字创新领域的商业项目。此规划的实施，不仅可以降低商业成本、贸易成本，而且可以拓宽英国在全球的消费市场，及时洞悉消费者需求，与消费者保持及时沟通。③

第三，加大新兴产业及使能技术的投入。英国在提升经济的同时，更加重视对未来技术的开发。技术是改变人类生活方式和带给国家重大发展机遇的重要通道。目前，英国正加速开发新兴产业和使能技术④，进而在新产业中开发新产品，并拓展新的服务渠道。英国创新部门指出，目前正在探究的新技术将会给商业发展带来巨大推动力，新的科学技术主要包括量子技术、合成生物学、非动物技术、微生物膜、能源采集、单原子层及新型影像技术；使能技术则主要涵盖网络安全、数据、卫星对地观测、电

---

① "Government Backs Manufacturing with Action Plan and Cash Boost," BIS, Feb. 26, 2015, https://www.gov.uk/government/news/government-backs-manufacturing-with-action-plan-and-cash-boost.

② "Industrial Biotechnology: Funding Boost for UK Projects," BIS, Feb. 18, 2015, https://www.gov.uk/government/news/industrial-biotechnology-funding-boost-for-uk-projects.

③ "Digital Economy Strategy: 2015—2018," Innovate UK, Feb. 16, 2015, https://www.gov.uk/government/publications/digital-economy-strategy-2015-2018.

④ 使能技术是能够提高经济发展中现行产业的生产力和效率的新技术和新能力。

子学、物联网、传感器和光电及机器人自主系统等。①

第四，通过降低企业税收及实行财政刺激等措施进一步加大对企业的扶持力度。一国产业的发展归根结底是企业的发展，对产业结构的宏观调控需要通过对企业的微观调整来实现。对于企业发展而言，有效的刺激政策是提升企业生产力水平和激发企业科技创新的关键，而降低企业税收及实行财政刺激将是扶持企业发展的有效手段。

### 三、英国产业政策实施评价

英国政府不合理的产业政策是导致制造业失衡乃至产业结构严重失衡的重要原因之一。第一，对本国经济的"过分自负"，大量进口制成品导致制造业的持续贸易逆差。第二次世界大战后，英国制造业的"低效率"伴随着时间的推移日益加重。其发展时期可以分为1979年以前和1979年以后两个时期。制造业在世界经济中的实绩下降及贸易收支情况恶化的状况在1979年以前已非常明显。尤其在1964—1978年，英国在世界制成品出口中所占的份额减少了将近一半。但英国仍自信从世界各国的大批量进口不会危及本国产业和制造业的发展，使进口产品渗透本国，导致英国制造业深受其害。第二，新自由主义模式下自由竞争的产业政策令服务业快速发展，而令制造业更加凋零，具体情况见表4-3。

与其他发达国家相比，英国由制造业向服务业进行结构转移的趋势更加明显。表4-3是英国2011年按照生产要素分类法进行划分的各产业部门的产出和就业份额占比情况。由下表可以看出，截至2011年，英国的产出和就业主要聚集在知识密集型服务业方面，主要包括金融业、专业服务业和ICT。2011年，知识密集型服务业约占英国总产出的三分之一，占总就业的四分之一。相比之下，制造业仅仅贡献了英国产出的十分之一，而就业仅为7%左右。

---

① "Emerging and Enabling Technologies," Innovate UK, Apr. 7, 2016, https://www.gov.uk/government/collections/innovate - uk - emerging - and - enabling - technologies.

表4-3 英国各部门产出附加值（GVA）和就业份额占比（2011年）

| | | 产出 | | 就业 | |
|---|---|---|---|---|---|
| | | 产值（百万英镑） | 份额（%） | 人数（千人） | 份额（%） |
| 中低端技术制造业 | 食品、饮料和烟草 | 27771 | 2.0 | 399 | 1.3 |
| | 金属、塑料和非金属矿物质产品 | 28005 | 2.0 | 584 | 1.9 |
| | 其他制造业 | 21046 | 1.5 | 566 | 1.8 |
| | 造船业 | 1246 | 0.1 | 32 | 0.1 |
| 中高端技术制造业 | 化工制品 | 16926 | 1.2 | 119 | 0.4 |
| | ICT和精密仪器 | 8393 | 0.6 | 138 | 0.4 |
| | 汽车业 | 6955 | 0.5 | 133 | 0.4 |
| | 航空业 | 5610 | 0.4 | 112 | 0.4 |
| | 机械、电子和交通设备 | 22748 | 1.7 | 412 | 1.3 |
| | 制药业 | 10023 | 0.7 | 38 | 0.1 |
| 其他生产性行业 | 农业、牧业和渔业 | 9122 | 0.7 | 409 | 1.3 |
| | 采掘业 | 39646 | 2.9 | 61 | 0.2 |
| | 公共事业 | 37762 | 2.7 | 327 | 1.0 |
| | 建筑业 | 91681 | 6.7 | 2036 | 6.5 |
| 知识密集型服务业 | 通信业 | 23028 | 1.7 | 227 | 0.7 |
| | 数字、创新和信息服务业 | 61821 | 4.5 | 1174 | 3.7 |
| | 金融服务业 | 128830 | 9.4 | 1116 | 3.6 |
| | 商业服务业 | 97528 | 7.1 | 2235 | 7.1 |
| | 研发 | 4290 | 0.3 | 125 | 0.4 |
| | 教育 | 89676 | 6.5 | 2722 | 8.7 |
| 其他服务业 | 住宿和餐饮 | 39601 | 2.9 | 1990 | 6.3 |
| | 零售业 | 71016 | 5.2 | 3070 | 9.8 |
| | 交通、仓储和配送 | 149580 | 10.9 | 3183 | 10.1 |
| | 房地产 | 98091 | 7.1 | 417 | 1.3 |
| | 管理和支援服务业 | 65509 | 4.8 | 2432 | 7.8 |
| | 公共管理和安全防护 | 67915 | 4.9 | 1654 | 5.3 |
| | 医疗和社会救助 | 106766 | 7.8 | 4079 | 13.0 |
| | 社团、社会及私人服务业 | 42814 | 3.1 | 1591 | 5.1 |
| | 整体经济 | 1373399 | | 31378 | |

注：按生产要素分类法，产业可以分为劳动密集型产业、资本密集型产业和技术密集型产业，其中，技术密集型产业也包含知识密集型产业。

资料来源：BIS Analysis of ONS Data.

## 第二节 宏观经济政策在产业结构调整中的表现

产业政策是政府调整产业结构最直接也是最有效的手段。但除此之外,宏观经济政策也是影响产业结构、对产业结构造成间接影响和冲击的重要因素。纵观英国各个时期为调结构、稳经济及促增长而采取的宏观经济政策,其中不乏有利于产业结构调整的因素。但研究发现,更多的宏观经济政策却成为英国产业结构日益失衡的"帮凶"。本书认为,英国产业结构的日益失衡及快速"去工业化"的又一主因是宏观经济政策与产业政策的不协调。针对英国各个经济发展阶段实施的宏观经济政策,其按照时间顺序产生的具体表现是:第一,不合理性投资及有效投资较低;第二,过度重视货币政策及币值稳定,而轻视产业及制造业发展问题。

### 一、不合理且低效率的投资令英国企业步履维艰

沃尔特·爱迪斯(Walter Eltis)[①]曾从企业的低利润和弱创新性角度解释了英国20世纪七八十年代制造业产出增长缓慢[②],甚至下滑的原因。而英国企业、制造业之所以呈现出低利润和弱创新的现象,其中一个重要的原因在于英国企业的"防御性投资"(Defensive Investment)[③]方式弱化了企业的有效投资利用率,阻碍了对新产品的开发及对新市场的发掘,进而导致了制造业就业和产出的下降,加速了制造业快速"去工业化"的进程。众多证据显示,英国不合理且低效率的投资方式弱化了新产品创新能

---

① Walter Eltis, "How Low Profitability and Weak Innovativeness Undermined UK Industrial Growth," *The Economic Journal* 434 (1996): 184—195.
② 尤其自1979年后,与其他发达国家,如法国、德国及美国相比,英国制造业增长更加缓慢。
③ 防御性投资是相对"企业投资"而言的。欧洲货币管理局第一任主席亚历山大·兰姆法罗斯(Alexandre Lamfalussy)在1959—1963年曾就"企业投资"和"防御性投资"问题进行了解释。他指出,"企业投资"是将更多的投资投向欧洲大陆能够生产新产品的附加装置,进而可以增强创新力;而英国的大部分投资却属于"防御性投资",即将更多的投资用在了已有的资本结构上。这种投资固然可以短时间降低劳动成本、提高生产率,但最重要的一点是,其不能从创新和研发角度提高总的生产能力,进而提高产出。

力，进而丧失了对新市场的占有率。

（一）"防御性投资"

就企业的投资问题及投资的有效性问题，欧洲货币管理局第一任主席兰姆法罗斯曾对此进行过详细阐释。投资数据显示，在1979—1989年，英国的投资比率与德国和法国几近相同，但就企业的盈利和制造业产出而言，差距甚大。那么，其中的投资去向和投资利用率问题就显得尤为重要。兰姆法罗斯就英国每百分比的投资产出较其他国家更少的问题进行了分析，指出英国的投资性质更多的是属于"防御性投资"。与法国、德国等国家前期进行的"企业投资"不同，如果说法国、德国等国家将更多的投资投向欧洲大陆能够生产新产品的附加装置，进而不断增强创新力的话，那么，英国的大部分投资性质则属于"防御性投资"，即将更多的投资用在了已有的传统产业资本结构上。相比之下，法国、德国等国家将大部分投资应用于新型生产设备和新型产品的研发上，不仅增加了新研发产品的种类，更拓宽了当下的经贸市场。英国的"防御性投资"（或称"替代投资"）固然可以短时间降低劳动成本、提高劳动生产率，但最重要的一点是，其不能从创新和研发角度提高总的生产能力，进而提高产出。因此，英国制造业的有效投资和投资利用率比其他先进国家更低，导致每单位投资促进经济增长比重更低，产出增长也更低。

（二）不合理投资的恶性连锁反应

新产品是抢占世界市场的重要条件，但英国不合理的"防御性投资"模式却大大阻碍了新产品的开发，而较少的新产品的研发会导致资本的回报率降低，进而加大融资难度。这种"恶性循环"式的发展模式导致了英国制造业中的许多企业融入市场更加困难，也因新产品种类的缺乏而导致英国在世界市场中的份额不断降低。

不可否认，英国在20世纪90年代确实进入了经济飞速发展的黄金时期。伴随信息科技革命的爆发，信息科技设备的成本持续降低，公司能够以更加低廉的价格购买新的机械设备替代旧设备，进而提高生产效率。在增长理论中，这种在提高资本有效性的同时，无任何成本增加的情况，称为"资本扩展"的技术过程。马克思从资本价值中剥离出了资本的技术构成,即信息科技革命大大增加了资本的技术构成,技术方面发挥的贡献不断加大。借助信息科技革命和更加低廉的设备价值,降低了产品的生产成本,自然也"稀释"了产品的"价值"(劳动价值)。因此,英国在此次革命中较大地提高了制造业中技术成分高的产业。但问题在于,英国在新产品的开发及种类方面不及法国、德国等发达国家,而在世界贸易中,高端产业或者中高端密集型产业的贸易份额增长最快,那么,这种主要依赖于新产品和创新性产品研发来扩大贸易市场的模式对一国经济发展来说,就显得尤为重要。而英国在这种"恶性循环"的发展模式中恰恰缺乏这种元素。当然,英国也存在十分具有国际市场竞争力的中高端技术产业,如化工产业、制药行业、航空业、造船业等,但与其他发达国家相比,其制造业方面的竞争力要低得多。

在此分析基础上,本书也阐释了英国企业及制造业行业低盈利的根源。一是,相对较低的资本回报率;二是,相对较高的劳工成本,英国的人均产出附加值较低。在英国,劳工的实际工资与具有更高生产率水平和比较生产优势的法国和德国持平。这种现象被称为"鲍莫尔成本病"(Baumol's Cost Disease)。较低的平均劳动生产率(ALP)和高劳工成本影响了英国产业的整体盈利。同时,相比法国和德国,英国较弱的劳工技巧和管理水平也是影响英国产业发展的重要原因。

## 二、紧货币政策和被高估的汇率机制助推产业结构失衡

宏观经济政策与产业结构往往具有十分密切的联系。从上述分析可以看出,不合理及低效率的投资会直接影响本国产业及制造业的发展。同时,较低的投资或缺乏投资也会直接造成制造业因缺乏发展现代化的力量而受到极大限制。除此之外,另一制约本国产业结构平衡发展的宏观经济政策为货币政策和汇率机制。

从历届英国政府所实施的宏观经济政策看,它们存在一个共性,即都会把稳定货币币值和提高汇率作为首要任务。不论是第二次世界大战后受

凯恩斯主义思想主导的政府，还是坚持奉行新自由主义经济发展模式的撒切尔政府，都不惜牺牲经济的发展来维持货币稳定和汇率。然而，紧缩的货币政策和被高估的汇率会直接加大各部门产业，尤其是制造业生产部门获得投资的难度，因此也会因"循环因果效应"而削弱英国产业发展的力量。

就英国各个时期所采取的宏观经济政策而言，对英国产业发展损害较大的政策是1979—1980年撒切尔政府实施的紧缩货币政策和为维持货币稳定而不断高估的汇率机制。

（一）紧缩货币政策

撒切尔政府为货币政策的实施制定了严格的纪律。1980年3月，撒切尔政府制定了中期金融战略（The Medium Term Financial Strategy，MTFS），而这一战略为货币供应增长率、削减公共支出和借款制定了严格的货币纪律。在MTFS的指导下，一方面，英国政府将短期借款利率由12%提高到16%，短期利率达到历史的最高点，其根本目的在于紧缩银根；另一方面，实行非常严格的财政紧缩政策。1980年，撒切尔政府将公共部门的支出削减了5亿英镑。在政府对货币供应量的严格控制下，英镑利率也被大大抬高，使英镑汇率坚挺。

但不断紧缩的货币政策带来了几个较为严重的问题。第一，利率提高。因利率的极大波动大大冲击了投资者及商业的信心，尤其在20世纪80年代早期，高利率明显降低了商业市场上的现金流，加大了企业，尤其是中小企业的融资难度，进而导致大量企业因缺乏资金和资金链的断裂而倒闭或者破产。在剑桥的一项调查中发现，政府所实施的这些宏观经济政策很多会对企业形成阻碍，且大多数企业也表示，在过去的十几年中，并未接收到来自政府的任何帮助，而三分之一的企业表示从未从政府中获得明显的有利扶持。也就是说，英国企业及制造业在发展过程中，不仅要面临来自国际层面的巨大冲击和挑战，还有时刻应对来自本国内部施加的极大压力。第二，本币的升值大大抑制了英国产品的出口。不降反升的英镑汇率大大降低了英国进口的商品及货物的价格，同时使得英国出口商品价格的大幅度降低，而这无疑大大削弱了英国制造业和商品市场的竞争力。第三，就业机会严重降低。统计数据显示，撒切尔夫人执政第一任期内，就业机会减少了近25%。①，失业人口从1979年5月的120万人增加到1980年底的200万人，而到1982年，则史无前例地增加到300万人。② 由此可以看出，英国政府对紧缩货币政策的执着给英国经济和产业的发展带来极大困境。

（二）过高的汇率机制

一直以来，英国政府都将维持高汇率摆在首位。即使英国产业发展面临困境、出口锐减及贸易赤字增大，英国政府都没有通过调低利率来解决本国的经济问题，或者纠正经济结构的不平衡。自1972年布雷顿森林体系崩溃后，英国保守党政府才决定采取浮动汇率制。但撒切尔夫人领导的保守党政府最终摒弃了凯恩斯主义思想，坚持英镑汇率上扬，主要目的在于将英国产业中不具有竞争力的部门从整个经济中剔除出去。③ 综合而言，不论是战前还是战后，英国的宏观经济政策都体现出收紧特征，旨在追求更高的汇率。

自1979年撒切尔夫人带领的保守党政府上台，英国经济从"恶化"变为"进一步恶化"并不为过。就制造业而言，虽然英国20世纪80年代的制造业恢复了地位，但主要应归功于英国对北海石油的开发和对大量石油的出口，但这仍旧掩盖不了英国制造业持续恶化的事实。1980年，为维持汇率稳定，英国政府提高英国利率，并紧缩财政政策，在促进英镑急剧升值的同时，给制造业带来巨大发展压力。仅一年间，英国制造业生产下降9.3个百分点。而由制造业生产下滑而导致的贸易赤字是造成英国产业结构长期失衡的又一重要因素。而这一失衡在撒切尔执政时期，意图通过货币贬值来纠正，已是不可能。

---

① Joel D. Wolfe, *Power and Privatization Choice and Competition in the Remaking of British Democracy* (ST. Martin's Press, 1996), p. 55.
② 毛锐：《撒切尔政府私有化政策研究》，中国社会科学出版社，2005，第78页。
③ Peter Hall, *Governing the Economy: the Politics of State Intervention in Britain and France* (Cambridge: Polity Press Ltd., 1986), p. 59.

### 三、宏观经济政策在产业结构调整中的客观表现

从英国各发展阶段实施的宏观经济政策看，造成英国产业结构失衡及制造业萎靡的原因主要存在以下三个方面。

第一，英国有效投资率落后于其他竞争者。与其他发达国家，如美国、德国和法国相比，英国企业投放在新产品和新技术研发上的投资要少得多，这种有效投资和投资合理利用率相较之下也低得多。同时，于英国而言，不仅是有效投资，英国企业和制造业所获得的总投资额度相较其他欧美国家，也相对较低。第二，英国产业更新升级速度较其他竞争者要慢得多。英国在产品更新升级方面的迟缓，一个原因是获得的有效投资不足，而另一重要的原因是来自相关利益集团的压力。尤其是传统工业，大规模的生产格局不仅改革转型难度较大，其体制的僵化程度也较高。为维护自身利益，英国多数企业在转型升级进程上要慢得多。相比之下，其他发达国家因工业化时间短，所以不论是管理模式、生产技术还是生产资源等都较为成熟先进。第三，英国工作的组织结构不如其他国家有效率。但英国经济和工业为什么会出现这些弊端呢？是战后国家产业政策和宏观经济政策干预的增强，是宏观经济政策的误导和扭曲，还是英国社会、思想和文化的特性已然决定了英国今天所踏上的道路？

在宏观经济政策方面，还存在四个损害英国经济绩效的重要原因。第一，第二次世界大战后需求管理政策的时机或强度破坏了经济的稳定性。第二，政府在稳定汇率中所依赖的货币政策工具及此政策的使用频率严重损害了投资效率。第三，英镑货币币值没有得到应有的贬值，从而削弱了英国商品在国际市场上的竞争力。第四，整体而言，英国宏观经济政策更加倾向于过分的通货紧缩，从而进一步抑制了投资、产出和生产率的增长。

当然，单纯的产业政策和宏观经济政策并不足以解释英国产业结构面临的严重失衡问题。对于英国产业结构的变动演进，单纯地用经济学理论并不足以得到完善解释，需要借助政治学的方法进一步加以阐释。因为对于一国的经济行为，更确切地说是产业结构的行为，从来都不仅是只关乎

经济绩效的问题，更是决策模式和政治利益选择的问题。① 英国一位颇具贵族气质的首相亚力克·道格拉斯-霍姆（Sir Alec Douglas-Home）曾这样说道："在我的生活中有两类问题，政治的问题不易解决，经济的问题难以理解。"一项经济决策往往会影响到千万人乃至更多人的福利，其制定过程必然取决于相互竞争的政党、意识形态以及社会阶级之间的政治斗争，而经济问题也成为政治上的挑战。

一项经济政策归根究底是由政府制定的，而政府显然是一种政治创造物。在大多数经济决策领域，都显示着政府的政治影响。也因为经济决策从来都不能彻底摆脱政治的影响，所以政治因素会对经济政策产生很大程度的制约作用。事实证明，做一项经济决策的过程也同时可以被看作高度政治化的过程。其中，最为明显的是撒切尔政府所实施的紧缩货币政策和私有化政策。

## 第三节 英国的"再工业化"政策

伴随着英国产业结构的演进及产业结构的变动调整，目前，英国主要奉行以金融服务业为主导的经济发展模式。但金融危机后，这种"知识经济"时代下的以服务业为主导的经济发展模式脆弱性不断显现，而英国"去工业化"和"产业空心化"为一国经济带来的弊端尤为明显。过去过度依赖金融服务业而忽视工业制造业的经济不仅大大削弱了英国应对经济危机冲击的能力，也极大增加了英国贸易逆差，造成本国的国际地位和国际竞争力大幅下降。

除此之外，英国目前正面临的"生产率之谜"难题是困扰本国经济发展的重要因素。虽然金融危机后，英国较快实现经济增长，且较其他发达国家也呈现出较快速的经济增长率，但从英国每小时产出所测量的劳动生

---

① Peter Hall, *Governing the Economy: the Politics of State Intervention in Britain and France* (Cambridge: Polity Press Ltd., 1986), p. 3.

产率看，仍然难以与金融危机之前相较。值得指出的是，2016年英国服务业虽呈现出缓慢的生产率增长，但制造业生产率环比增长不断呈现下降态势。努里尔·鲁比尼（Nouriel Roubini）[①]指出，目前，处于新工业革命时代的创新成就仍旧不能与过去带动全球经济增长的工业创新（电力、蒸汽机、飞机等）对经济产生的影响范围相提并论。或者可以认为，"工业革命4.0"时代下，新的技术革命所带动的产品和服务成本降低的速度仍难以做出准确测量，在创新和生产率增长之间仍可能存在一定的"滞后性"。

鉴于此，英国政府在金融危机后相继提出振兴工业和打造强力、灵活（Responsive）且亲民（Closer to Customers）的"再工业化"战略政策，具体计划主要包括《英国制造2050》[②]《打造我们的工业战略》[③] 和《英国数字战略》[④]。通过制订和实施这些计划，提升英国的工业竞争力、企业与新技术的融合创新能力及数字时代的互联互通能力等。

## 一、《英国制造2050》规划

1990年，英国制造业产出占GDP比重为17%，而现在这一比重却不足10%。同时，伴随着新兴产业和技术的不断涌现，国际市场和国内市场的竞争愈发激烈，消费者对产品和服务的需求也在不断发生变化。为了提升英国在国际市场中的竞争力，也为提高英国产业在未来国际市场中的占有率，英国政府于2013年正式启动了对未来制造业进行预测的战略研究项目。与其说该项目是为提升本国制造业生产力和竞争力而设定，不如说是通过分析本国制造业的发展前景及面临的困难挑战，而重新设定产业及产业政策的有效性，进而通过发展和实施这项长期的战略研究，而提高本国

---

[①] Nouriel Roubini, "Why Innovation Alone isn't Enough to Boost Economies," World Economic Forum, June, 2016, https://www.weforum.org/agenda/2016/06/why-innovation-alone-isnt-enough-to-boost-economies/.

[②] Government Office for Science, "The Future of Manufacturing: A New Era of Opportunity and Challenge for the UK," 2013.

[③] HM Government, "Building Our Industrial Strategy (Green Paper)," January, 2017.

[④] Department for Culture Media & Sport, "UK Digital Strategy 2017 (Policy paper)," March, 2017.

制造业、复苏制造业及提高整体的经济发展潜力。研究表明，目前的制造业正面向新一代工业革命（或"工业革命4.0"），制造业也并非传统意义上"制造之后进行销售"，而是"服务＋再制造（以生产为中心的价值链）"，主要致力于完成四个方面的目标：更快速、更敏锐地响应消费者需求；把握新的市场机遇；可持续发展；加大力度培养高素质劳动力。

（一）制造业的重要性及角色的重新定位

1. 制造业的重要性

制造业是实现经济长期增长的必须行业，对一国的贡献价值和重要性主要存在于八个方面。（1）绝对价值。制造业的绝对价值体现在对一国GDP的贡献上。2015年，英国制造业附加值达到2489亿美元，在经济中仍旧占有重要地位且重要性会在未来的经济发展中不断提升。（2）研发贡献。制造行业是从事研发的重要实验基地。数据显示，2010年，制造行业的科研人员占比约为43%，相比之下，其他行业从事科研人员的比重在23%左右。（3）创新。制造业是创新性很强的行业。制造行业的创新率是其他行业的2倍左右。（4）生产率。据统计，1980—2009年，英国制造业的全要素生产率（TFP）[①] 每年约为2.3%，而英国整体的年平均全要素生产率仅为0.7%。[②]（5）出口。2012年，制成品出口占英国总出口比重的53%，是出口贸易的主力军。（6）高技术行业。一般来说，制造业的高技术行业就业要比其他行业高出10%左右，反映出高技术水平的工作和就业仍旧需要现代制造业来创造机会。（7）产业间关联度。伴随产业结构演进及经济的发展，产业彼此间的关联更加紧密，细分行业逐渐增加。（8）经济弹性。一般来说，以出口为导向的制造业部门走出经济危机的能力要高于其他行业，具有更高的经济发展弹性。

---

① 全要素生产率（Total Factor Productivity）的增长，通常叫作技术进步率，是用来衡量除去所有有形生产要素（劳动力、资本、土地）以外的纯技术进步的生产率增长。

② Deakin, S., "The Legal Framework Governing Business Firms and its Implications for Manufacturing Scale and Performance: The UK Experience in International Perspective," *Social Science Electronic Publishing* (2013).

## 2. 制造业角色的重新定位

产业结构的演进和经济的不断发展不断改变着消费者的需求、消费习惯及生活方式，需求的不断变化是产品和服务更新换代及转型升级的最大动力。而制造业的角色也在随之发生变动，正在从传统意义上"制造之后进行销售"的角色转变为"服务＋再制造（以生产为中心的价值链）"，充分将技术知识、产品创造的专业化及服务业融合起来，在尽可能最大化各部分价值的同时，实现高经济价值和可持续增长，并带动研发价值和就业价值。政府对制造业的重新定位主要致力于完成四个目标。

第一，更加快速、敏锐地响应消费者需求。新时代的发展，技术是推动改变的一个核心要素。2050战略规划是实现这一突破和推动制造业转型的重要窗口。目前已出现的一些新兴技术，如ICT，传感器，高级材料及机器人等[1]，与未来产品和网络充分融合，所研发的产品不仅更加便利、便民，而且会大大降低需求产品的生产成本，增加劳动生产率和生产量。

第二，充分把握新的市场机遇。经济一体化、全球化浪潮及国际分工已改变了原有的国际经济格局及贸易进出口格局。于英国而言，目前英国所处的国际市场环境正在发生改变，尤其在英国"脱欧"后，其面临的经贸市场环境会出现极大波动，那么，与其相对应的企业类型、生产部门、进出口产品种类、价格等一系列要素都会发生系列改变。对英国来说，这种变化在重新塑造英国经济格局、为英国带来重要机遇的同时，也会给予英国严峻的挑战。抓住机遇尤为重要，那么英国应该抓住怎样的机遇？

首先，"狠狠"抓住新兴经济体市场。以中国为代表的新兴经济体的崛起，如巴西、俄罗斯、印度、中国和南非等，在未来极有可能会成为国际市场的重要一极。据估计，到2032年，金砖国家BRICS极有可能会超越美国和G7成为最大规模及容量市场，到2050年，经济规模会是欧元区

---

[1] 目前普遍流行的技术主要有：信息通信技术（ICT）、传感器、高级和多功能材料、生物技术、可持续及绿色技术；未来第二层级的新兴技术包括：大数据和基于知识的自动化、物联网、高级自动化机器人、3D打印技术、云计算、移动计算机等。

总量的两倍。① 所以，英国应充分把握市场机遇。

其次，欧洲市场和美国市场仍是英国出口的重要经贸市场。OECD 数据显示，2015 年，英国对欧洲和美国市场的出口占总出口份额比重分别为 52% 和 15%，是英国最重要的国际出口市场。也就是说，即使英国退出欧盟和欧洲单一市场，英国也不能放松欧盟和欧洲市场。与此同时，美国市场对英国在英国贸易进出口中的作用就愈发显得重要。

再次，高端技术会成为英国未来发展中的重要优势。目前，英国的高端技术制造业出口占全球总出口比重的 4.7%，主要出口部门包括制药行业、航空航天、化工及汽车自动化部门。

最后，加大吸引外商投资力度。在吸引对外直接投资（FDI）方面，英国面临着来自欧盟国家及新兴经济体等具有投资潜力和吸引投资力度大的国家的竞争压力，加之，英国未来若退出欧盟及单一市场，其对外商投资的吸引力将更低。所以，英国应该为此做好充分准备。

第三，可持续发展。经贸市场及需求环境等的可持续性会对产品生产过程形成一定程度的冲击。未来市场环境可能面临如下变化，即供给市场的波动性、气候变化即全球供给链不断增强的脆弱性、监管力度增加、消费者对生态产品的追求、可"协作消费"的弹性商品需求、循环经济及再制造业的出现。为有效应对需求变化，政府也应提高应对措施，具体包括：刺激产品生产进程的效率及有效性、针对研发，提高资源有效利用率和材料的可替代性、建立扶持再循环及再利用的制造经营模式、强化稀缺资源的储备率。

第四，加大力度培养高素质劳动力。未来经济发展中，制造业劳动力主要面临的几个问题是：伴随老龄化程度的加深，未来制造业就业难度加大且趋向老龄化；技术专业化与商业的结合对解决问题能力的需求增强；对制造业的认识呈现消极固化思想；劳动力潜力有待开发提高。针对这些问

---

① Rowthorn, R. and Coutts, K., "De-industrialisation and the Balance of Payments in Advanced Economies," *Cambridge Journal of Economics* (2004): 767—790.

题，政府主要做到以下几点进行有效应对。首先，建立制造业工人供给多元化体系，避免未来制造业需求的短缺；其次，定向培养制造业需要的高素质、高技能的潜力工人；最后，确保未来制造业对工人的充分有效利用率。

（二）未来政府主要聚焦的三大系统性领域

伴随制造业的不断演进发展，政策制定者也需要及时调整政策途径以满足制造业发展的需要，进而保证本国经济发展的优良"土壤"。鉴于此，英国政府主要从三个领域展开实际行动。第一，从更加广泛的一体化视角审视制造业部门的价值创造。这个系统性领域的核心在于对制造业认识的再定位。现今，制造业已不再仅仅发挥着"生产"功能，或者说是仅仅发挥着社会再生产过程中商品流通四环节中的"生产"环节，而是重新定义为能够在生产活动前后都能产生价值和收入的更加广泛的"价值链"（Value Chain）①，即以生产为中心，围绕生产产生的一系列再生产和服务性活动。第二，"稳扎稳打"，充分把握制造业价值链的专业化阶段。提供目标性的扶持"价值创造"策略是未来产业政策的主要方向。首先，有利于新企业的出现及新技术的创造；其次，可以稳固英国制造业的国外地位；再次，充分支持生产性服务业的发展，加大制造业的创新收入来源；最后，扩大制造业再生产的能力和生产要素及资源的利用效率。第三，提高政府长期有效评估和协调产业政策的能力。尤其在先进的产业结构调整中，政府作用越来越成为不可或缺的一部分。

## 二、《打造我们的工业战略》

《打造我们的工业战略》是特蕾莎·梅政府于2017年1月提出的一项振兴工业和制造业的产业政策。此计划提出于英国选择"硬退欧"之际，所以提出此计划的目的，不仅是为英国即将离开欧盟做准备，更为英国重新打造新的工业未来做充分准备。可以说，目前英国正处于较为困难的时期。首先，政治经济动荡期。英国已正式启动"退欧"程序，现在和未来

---

① 制造业的重新界定是从生产角色向"生产—再生产"角色的转变。

面临的政治经济风险都会对本国经济增速、就业及产业发展等造成很大冲击，面临动荡局面将在所难免。其次，经贸市场更迭交替期。第二次世界大战后，英国面临的主要的经贸市场更替是加入欧共体时期。从"帝国特惠制"的"英帝国"主导的经贸市场向欧共体市场过渡时，英国制造业产出、就业及经济增速都无一幸免地出现严重下滑。同样地，英国"脱欧"会让英国再次面临一系列挑战，或者困境更大。最后，国际分工严重削弱了英国制造业发展，英国在"再工业化"的过程中会举步维艰。

所以，对处于如此困难时期的英国来说，新的工业战略和现代化的产业政策是繁荣英国经济的必要前提。英国制定的这一现代化的工业战略主要目标在于，提高工业和制造业竞争力、提升生产率水平，进而促进整体经济增长及改善民众生活水准，以实现这三个目标为基准，打造一个更加强力、公平、团结和现代化的英国。为实现这一目标，英国政府通过《打造我们的工业战略》提出了可以促进本国经济发展的十大支柱战略体系，具体如下：（1）加大对科研和创新的投入。从英国对研发投入的数据看，目前英国对研发部门的投入占 GDP 的比重为 1.7%，相比 OECD 的平均值 2.4%，低 0.7 个百分点，说明英国在科研和创新投入方面，仍旧属于落后者，目前主要落后于韩国、以色列、日本、瑞典、芬兰及丹麦等国，而这些国家对科研及创新的投入一般都在 3% 以上。[①] 当然，英国在科研创新上仍有很大的进步空间。（2）提高技术（Developing Skills）[②]。（3）升级基础设施建设。（4）大力扶持创业阶段和成长阶段的企业[③]。（5）提高政府采购。（6）鼓励贸易和吸引投资。（7）发展绿色低碳经济。（8）培育具有竞争力的世界领导部门。（9）建立推动整个国家增长的框架体系。（10）在产业部门及区域间建立合适的机制体系（Creating the right institu-

---

① 数据来源：OECD Main Science and Technology Indicator, 2016.
② Developing Skills：确保人人拥有适应现代经济的基本技术技能，建立新型技术教育体系，使未曾受过大学教育的年轻一代受益；提高就业人员的科学、技术、工程和数学方面的技术、数字技术等；提高落后地区的技术水平。
③ 通过财政援助和提高管理技术水平，确保企业的增长及发展，并为企业创造良好的发展环境和融资环境。

tions to bring together sectors and places）。这十大支柱体系之间可以相互促进。例如，创新成长型企业需要更多技术性人才、风险资本、更好的数字化基础设施、能够吸引更多投资等，这些都是促进生产率大大提高的有效方式，也是创新成长型企业必备的条件。然而，若要吸引更多外来投资，需要具备更加具有竞争力的能源成本和基础设施，以及强有力的科研基础和高技术人才。

### 三、《英国数字战略》

《英国数字战略》[①] 是英国政府在宣布"硬退欧"后全面而周密部署的产业发展创新战略，旨在打造世界领先的数字经济和全面推进数字转型的创新型战略。尤其进入"工业革命4.0"时代，数字经济将是未来国家占领世界科技制高点的重要领域。据估计，2025年，数字经济对英国经济的贡献值会从2015年的1180亿英镑提高到2000亿英镑，并且结合英国目前的创新优势产业，会大大提升英国未来的科技创新能力。

具体而言，英国的数字战略可以被解构成七大子战略，而每个子战略又包含一揽子举措和推进方案。一是连接战略，致力于打造世界级的数字基础设施，将宽带接入变成一项公民权利，加快推进网络全覆盖和全光纤、5G建设；二是数字技能与包容性战略，大力推进全民数字素养和数字技能培训，为每个人提供所需的数字技能，为数字经济发展培育数字技能人才，探索建立培育数字技能的更好模式，意味着将对既有科技教育模式进行大刀阔斧的改革；三是数字经济战略，投入资金和政策，支持创新和数字创业，跟随技术发展探索、调整技术友好型的监管制度，促进数字经济增长和创新发展；四是数字转型战略，英国政府将通过多种形式帮助、支持每一个英国企业实现数字转型，提高生产效率；五是网络空间战略，增强网络安全能力，投资和鼓励网络安全行业及人才培养输出，关注儿童

---

① Department for Culture, Media & Sport and The Rthon Karen Bradley MP, "UK Digital Strategy," March, 2017, https：//www.gov.uk/government/publications/uk – digital – strategy.

网络安全;六是数字政府战略,深入推进政府数字转型,打造平台型政府,更好地为民众提供公共服务和政务;七是数据经济战略,多种举措释放数据在英国经济中的潜力,同时加强数据保护和数据开放共享。

《英国数字战略》结合英国极强的创新能力将发挥更大作用。根据2016年的《全球创新指数》报告,英国的创新指数在全球排名第三位,是仅次于瑞士和瑞典的第三大全球创新型国家。① 同时,物联网、虚拟现实和人工智能等前沿科技亦备受英国政府重视。对英国而言,这是经济获得"重生"的重要机遇,而发达的 ICT 技术、成熟的商业市场环境、组织创新与生产网络的充分结合将会给未来的经济发展带来极大空间。

## 四、小结

金融危机后,英国经济能够快速复苏稳定,其中制造业发挥了重要作用。制造业不仅是现代经济的"发动机",对整体的生产率增长具有极大贡献②,而且其研发投入占比最高,是最能产生创新产业和创新技术的,对经济发挥着乘数效应。英国尤其在金融危机后加速了产业结构调整,而在新一轮的产业结构调整中最为重视的即为"再工业化"政策。英国的"再工业化"政策在实施过程中拥有一定的优势,但同样也面临着新的困境和挑战。

英国的"再工业化"政策具有很强的发展优势,主要包括两个方面,具体如下:

第一,汲取了英国历次产业结构调整中的经验和教训。英国产业结构演进过程中,暴露出本国经济发展中的许多问题。历次产业结构调整对经济发展不乏积极正向的方面,但更多的是对本国经济发展的阻碍。首先,技术的相对滞后。正如诺斯提出的"路径依赖"理论,科技创新、制度创新及产业结构的转型升级是维护一国工业地位的重要前提,若一国始终坚持创新发展路径,那么本国经济会不断呈现优化局面。但正是英国经济及

---

① "The Global Innovation Index 2016: Winning with Global Innovation," WIPO (August, 2016).
② 数据表明,英国工业和制造业生产率是各产业中最高的,对生产率增长发挥着重要作用。

制度体制的僵化，导致技术发展滞后，进而导致英国工业部门的墨守成规、止步不前，更导致经济的"恶性循环"。其次，各阶段产业政策与产业结构的"不吻合"。英国经济虽然呈现出不断增长的态势，但缺陷在于发展结构单一，主要依靠金融业、保险业、房地产等服务业提升经济，其工业越来越不受重视。也就是说，在实现经济的快速发展和实现合理的产业结构发展之间，英国往往更容易选择快速提升经济，导致产业政策与应有的产业结构不匹配。最后，宏观经济政策的"扭曲"。宏观经济政策的"扭曲"之处主要在于总体投资过低、不合理性投资及有效投资过低、严苛的货币政策及汇率机制等。针对英国历次产业结构调整中暴露出的经济问题及政策性问题，英国在"再工业化"政策中直接或间接地将此作为调整中解决的问题，做到有的放矢。

第二，英国"再工业化"政策能更加合理地发挥竞争优势和创新优势。"再工业化"政策较历次产业结构调整政策有三个方面的优势。

首先，对制造业角色的重新认识和定位。目前，英国不仅认识到了制造业发展的重要性，而且在"新工业革命"背景下，将制造业发展与未来消费需求和技术变革充分结合起来，对本国制造业进行了重新定位，即制造业不再是传统意义上的"制造之后进行销售"的发展模式，而是"服务+再制造"的、以生产为中心的多功能、多价值型发展模式。而这种制造模式不仅可以快速而敏锐地响应消费者的需求，更能准确地把握新的市场机遇，在实现产业结构合理化的同时，实现资源的优化配置，进而实现生产率的提升和经济的可持续发展。

其次，对制造业的重新定位加速了生产要素的流动转移。一是对高级人才的吸引。从英国三次产业的产出、就业和生产率增长结构看，唯一的经济贡献、生产率增长和就业结构不匹配的行业即为制造业。制造业在发展中呈现出的特点为经贸贡献大、生产率高、就业率低。其主要原因在于经济的高速发展和消费水平的提高改变了民众对生活水平的要求及择业标准，同时，也对制造业的认识呈现消极固化思想。而"再工业化"对制造业的重新定位会定向培养所需要的高素质、高技能工人。同时，先进的制造业技术和发展环境会加大对高端人才的吸引力。二是对外商投资的吸引。英国在吸引外商直接投资（FDI）方面，一直面临着来自欧盟国家及新兴经济体国家的竞争压力。加之，英国若退出欧盟，无疑会更加削弱英国对外资的吸引力，而"再工业化"政策在一定程度上弥补了英国由恶劣的国际政治经济环境而引起的资本吸引力不足的问题。

最后，"再工业化"政策是新工业战略和现代化的产业政策。英国现代化工业战略主要包含两个立足点和一个主要目标，两个立足点为立足于降低成本和提高创新力。通过提高本国的生产率水平和促进产业结构的平衡发展，在即将步入的数字经济时代中不断降低本国的生产成本和交易成本。通过数字技术与制造业、服务业等优势产业的融合，进一步提升英国未来的科技创新能力。一个目标在于，提高工业和制造业竞争力、提升生产率水平、促进整体经济增长和改善民众生活水准。而这一产业政策对产业结构调整的实质把握得极为准确，可谓"稳、狠、准"。同时，英国会将更多的技术性人才、资本和基础设施建设等投入具有发展潜力的创新性产业。在"工业革命4.0"时代和数字经济时代，以最大努力占领世界科技发展的重要领域。

英国"再工业化"政策虽然在英国未来的经济发展中会发挥巨大潜力，但不能否认的是，在实施过程中，势必会面临各方面的压力，主要包括国内层面和国际层面。国内层面上，英国主要面临着政治风险和经济风险两重风险。就政治风险而言，英国此时的"内忧外患"令本国动荡不安。英国于2017年3月29日正式启动"脱欧"进程，而苏格兰这一"亲欧派"也会再次启动独立公投，这对本就脆弱的英国无疑是雪上加霜。经济风险在于，英国的"脱欧"加大了本国经济发展的不确定性，主要表现在未来经贸市场的不确定性、金融市场的动荡造成的经济不稳定性及外商直接投资的不确定性等。国际层面上，复杂的国际政治经济格局同样给英国未来的经济发展带来极大的不确定性。然而，英国"再工业化"政策的发展又恰恰需要稳定的政治经济环境的支持。英国的"再工业化"政策的实施亦面临许多的困难和挑战。

# 第五章　英国产业结构调整实质

当一国经济发展阶段的产业结构不再适应经济发展的要求时，就需要对此阶段的产业结构进行调整"纠偏"。无论是借助市场机制、产业政策还是宏观经济政策等加以调整，只要这种调整过程能够实现产业内和产业间生产要素[①]和资源的优化配置，就能指导经济更加健康、协调地发展。

在现实经济发展中，产业结构的调整往往是人为干预的过程，那么，这就难免导致决策的失误，进而可能导致产业结构的失衡或者趋向"扭曲"。所以，只有清晰产业结构变动及调整的一般规律及调整实质，才能进一步研究英国产业结构调整的实质及需要达到的目标，也才能针对英国面临的具体问题，进行"对症下药"。

## 第一节　产业结构调整的一般性规律

### 一、产业结构调整的一般问题

《生产力经济学辞典》对"产业结构调整"一词的界定指出，产业结构调整主要研究三个问题，即产业结构合理化、对产业结构失衡和产业结构低度化的调整。而蒂默和西尔毛伊[②]对产业结构调整所作出的间接性界定指出，实现要素的优化配置是产业结构调整的实质核心。对于这一理论，众多学者已通过理论研究及实证研究等方式进行了进一步确定。

---

① 生产要素一般包括土地、劳动力、资本、技术。
② Timmer, M. P. and A. Szirmai, "Productivity Growth in Asian Manufacturing: The Structural Bonus Hypothesis Examined," *Structural Change and Economic Dynamics* 11, No. 4 (2000): 371—392.

（一）产业结构合理化问题

一般来说，产业结构合理化是指产业与产业之间协调能力的加强和关联水平的提高。推进产业结构合理化，要求根据现阶段经济发展的水平和条件，对不合理的产业结构进行调整，使经济资源在产业间得到合理配置和有效利用。综合来说，静态方面的产业结构合理化是对产业结构的有序协调状态；而动态方面的产业结构合理化调整则是对失衡的产业结构进行调整，使之恢复到协调和谐状态的过程。因此，一般来说，产业结构合理化要解决的问题主要包括：供给结构和需求结构的相互适应问题、三次产业间和产业内部门之间发展的协调关系问题、产业结构效应如何发挥的问题等。

判断一国产业结构是否合理，必须满足一定的判断标准。目前，大多数理论界对产业结构合理化的判定标准主要聚焦于三点，即资源的合理配置、供给结构与需求结构相适应和各产业之间所具有的协调关系。① 本书在这些判定标准的基础上将产业结构合理化的判定标准量化，通过处理产出、就业和劳动生产率这些变量，进而得出产业结构合理化的测度指数。

（二）产业结构失衡问题

通过研究，本书认为产业结构的失衡问题应该从广义和狭义两个层面进行阐释。狭义层面上，产业结构的失衡又可称为"非平衡"，是各产业之间及部门内部之间的比重呈现的非均衡状态，具体表现为有的产业产值比重过大，而有的产业产值比重过小。现代广义的产业结构失衡主要体现在宏观和微观层面。

宏观层面上，产业结构的"非平衡"主要体现在三个方面。第一，各产业部门就业的失衡。以英国为例，英国快速的"去工业化"导致其制造业就业的超预期下降。伴随劳动力不断流向服务业部门，制造业吸收劳动力的困境不断加大，进而导致"恶性循环累积效应"。第二，生产率之谜②。尤其

---

① 原毅军、董琨：《产业结构的变动与优化》，大连理工大学出版社，2008，第5页。
② Dani Rodrik, "Why Innovation Alone isn't Enough to Boost Economies," World Economic Forum, June, 2016, https://www.weforum.org/agenda/2016/06/why-innovation-alone-isnt-enough-to-boost-economies/.

在金融危机后,美国、欧洲、日本等发达经济体的生产率增长,无论是在现在的绝对数量上,还是与之前几十年比较,都非常缓慢。而这一缓慢的生产率增长与不断复苏的各国产出、就业等现象明显相悖,使国家在进入新的创新阶段过程中,其技术上的创新也不能从根本上提高生产率。这种经济呈现增长态势却不能带动生产率按照前轨迹发展,反而出现反向发展的现象,称为"生产率之谜"。对各国所出现的"生产率之谜"现象,学术界对此有各种不同的解释[1],但终归有一点是相通的,即不论"生产率之谜"的出现是一种固然现象,还是一种暂时现象,其根本原因在于目前世界各国所面临的结构性失调态势,也有学者将这种现象称为"日益疲软的结构性变化"(Growth-reducing Structural Change)。[2] 第三,贸易结构的失衡。一般来说,贸易收支过度顺差和过度逆差都是贸易失衡的表现。目前为止,发展中国家的贸易收支状况主要表现为过度顺差,而发达国家的贸易则主要存在过度逆差情况。对于发展中国家多体现出的贸易过度顺差,是内因和外因等多方面原因[3]的复杂交织,通过有针对性的调整和产业结构进一步演进,会得到一定程度的改善。但发达国家近几十年来普遍

---

[1] 对金融危机后出现的"生产率之谜"存在几种潜在的解释。第一,丹尼·罗德里克(Dani Rodrik, 2016)认为,处于新一时代的创新成就仍旧不能与过去带动全球经济增长的工业创新(电力、蒸汽机、飞机等)对经济产生的影响范围相提并论。第二,伴随着人口老龄化进程的加快及物质资本的低投资倾向,潜在增长和生产率增长会出现实质性下降。而拉里·萨默斯(Larry Summers)提出的"长期停滞"假说也能解释潜在增长和生产率增长的下降。第三,一些乐观主义者认为,在技术创新驱动下,新的信息密集型产品和服务的产出和成本都很难做出准确测量,并且因为新的技术革命所带动的产品和服务成本降低的速度可能远比想象得低。也鉴于此,在创新和生产率增长之间可能存在一定的滞后性。从技术部门开始,蔓延到整体经济,需要花费很长一段时间。第四,岳琳达(Linda Yueh, 2015)指出,"生产率之谜"产生的一个重要因素是周期性浮动,进而导致生产率在快速增长后出现暂时性衰退。

[2] 具体来源同上。丹尼·罗德里克在文中指出,"生产率之谜"这一现象在拉美国家体现得尤为明显。不论拉美地区的管理型企业及领导型部门创新力有多强,其生产率就一直处于停滞不前状态。

[3] 对于发展中国家所存在的大量贸易顺差,主要从内因和外因两个层面进行分析。内因层面,"三低政策"即人力成本低、资源成本低和环境成本低使发展中国家成为"世界组装工厂",加之低消费、低进口需求,使得发展中国家一直保持贸易顺差。同时,制造业仍是发展中国家主要的支柱产业,是主要贸易出口对象,这也是发展中国家保持大量贸易顺差的表现。而外在原因主要是对外管制等。

存在的严重贸易收支逆差，则具有深层次的原因。美国是当前贸易收支逆差最大的国家，自 1976 年开始出现持续至今。蔡兴和刘子兰研究指出，美国贸易逆差的持续扩大是其实体经济结构不断调整的外部反映，而美国服务业占国民经济比重的不断提高是其贸易逆差持续扩大的深层次根源。[①] 也就是说，过高的服务业比重既增加了对制造业产品的进口，同时也大大削弱了产品出口能力。加之，不断向海外转移的制造业，都是导致产业结构失衡和一国贸易逆差的深层次根源。

微观层面上，产业结构的"非平衡"主要通过企业的表现力进行体现。从产业组织角度看，产业结构的失衡主要表现出大中型骨干企业与中小企业在产业发展规模和发展速度上的失衡态。具体主要体现在几个方面，即企业投融资的不平衡、国家政策等的扶持力度不同及相关产业的调整政策不同等。

（三）产业结构低度化问题

产业结构低度化可被视作与产业结构高级化相对，具体主要表现在以下四个方面。第一，是产业结构转型升级的直接障碍。第二，直接影响到产业间及产业内的垂直分工地位。[②] 第三，"产业空心化"是产业结构趋于"低度化"的表现。第四，自主创新能力的缺失及不足是产业结构低度化的实质根源。

产业结构低度化并非是发展中国家或者经济发展落后地区的专属特性，这在当今的发达国家也有一定程度的体现。从一国经济整体来看，结构的转型升级需要极具优势竞争力、核心计划创新力、带动力和控制力的主导产业来推动。中国等发展中国家正是面临这样的问题。目前，中国尤其面临产业结构低度化的问题。处于结构转型升级的十字路口，在核心中

---

① 蔡兴、刘子兰：《美国产业结构的调整与贸易逆差》，《国际贸易问题》2012 年第 10 期，第 68—76 页。

② 从产业间的关系来看，低度化产业的结构性变化趋势是从高加工度、高技术含量产业退出，向低加工度产业集中；从产业内部各生产环节和加工工序来看，产业的结构性变化则是从高加工度、高技术含量生产工序及加工环节退出，向低加工度环节集中，最终形成了我国产业在产业间和产业内的垂直分工地位。

高端技术创新等方面仍旧缺乏一定的条件,是产业结构转型升级的极大障碍。而对于发达国家来说,虽然已处于相对较高的产业结构高级化阶段,但产业结构的日益软化及产业结构"空心化"等已然令这些发达国家的产业发展优势逐步丧失,如果不对其日益偏离的产业结构展开积极的"纠正"调整,那么各国产业在激烈的竞争环境下,会在循环中趋向低度化。

## 二、产业结构调整实质根源

产业结构变动主要分两条路径:一是各产业技术进步速度、技术要求和技术吸收能力的巨大差异导致各产业增长速度产生较大差异,进而引起本国产业结构发生变化;二是一国在不同经济发展阶段会需要不同的主导产业和核心技术来推动国家的发展,而伴随主导产业的更替,将直接影响到本国的生产消费水平及供给、需求等结构的变化,这对本国的产业结构是巨大冲击。无可置疑,一国产业结构演进是经济增长对技术创新的吸收以及主导产业部门依次更替的过程(罗斯托,1962)。但这种推动过程最终是伴随着产业生产率水平的差异而进行的,即随生产要素流动不断进行的资源优化配置是促进经济增长的核心实质。

西方许多国家的经济发展实践表明,市场经济的运行仅仅依靠市场的力量,经济很难遵照预期轨道进行发展,往往需要建立与之相匹配的经济体制,即一国经济的运营需要依靠市场机制和政府对经济活动的有限干预,才能实现资源的优化配置。加之,在经济发展中,市场并非总是有效率的,"市场失灵"现象的存在增加了一国政府干预的力度。为达到资源的合理有效配置,各国一般会结合本国国情才选择采取不同的政策干预措施。例如,美国比较强调市场机制作用,不主张政府多干预;① 而日本在利用市场机制的同时,更加倾向于通过实施政府政策手段来进行干预,进

---

① 美国较低的政府干预力度是相比较而言的。需要指出的是,伴随美国新一届总统唐纳德·特朗普的上台,对经济的发展可能会有更高程度的干预。

而达到资源的优化配置。综合而言，各国在产业结构调整中，为实现资源的优化配置，一般遵从的调整模式是，以市场调整为基础，以不同的政府干预力度和干预手段为辅。而这种以市场为基础性手段和干预性政策措施相配合的做法，是现在各国调整产业结构，进而最终达到资源有效配置的一般性方式。

针对资源优化配置机制，各国情况不同，采取的干预手段自然不同，但往往具有相同的产业结构调整目标。为实现资源有效配置，乃至最优化配置，各国一般会通过实现以下两个目标来达成，即实现产业结构合理化和产业结构高级化。

### 三、产业结构调整目标

在本书第二章的"相关概念界定"中已对产业结构合理化和高级化两个概念进行了详细界定阐释，在此处只进行简单论述。

（一）产业结构合理化

产业结构合理化是实现经济稳定增长及抑制经济波动的重要环节。尤其在经济发展的今天，产业结构合理化对经济发展的贡献不可估量。所以，在经济发展中，对产业结构进行及时"纠偏"有利用促进经济更加健康、稳定协调发展。对产业结构合理化的度量，本书引入干春晖、郑若谷等（2011）提出的泰尔指数作为测度产业结构合理性的标准。对一国产业结构合理化做出一定程度的判断有利于一国根据本国产业结构的具体情况进行相关性调整。泰尔指数是测量产业结构合理度的一个较为合理的指标，其改进后的公式如下：

$$TL = \sum_{i=1}^{n}\left(\frac{Y_i}{Y}\right)\ln\left(\frac{Y_i}{L_i}\bigg/\frac{Y}{L}\right) \quad i=1,2,3 \qquad (式5-1)$$

在经济处于平衡状态下，泰尔指数为0。如果不等于零，则表示当前产业结构正处于不合理的程度，伴随着泰尔指数的不断增加，其偏离均衡状态的程度在不断增加。泰尔指数越大，表示产业结构偏离程度越高，即产业结构的不合理程度就越大，否则，产业结构合理性越强。

## (二) 产业结构高级化

经济发展具有一定的规律,这决定了产业结构的变动也有相应的规律,产业结构不断从低级状态向高级形态演进的过程,可以称为产业结构的高级化。如赫拉克和金德尔伯格认为,经济增长的过程是产出不断增加的过程。同时,经济发展中不仅是产出种类和产出数量的增加,其发展的过程更是生产所依赖的技术和体制的变革。[①] 在经济发展过程中,产业结构的高级化也是在不断变化发展中产生。

根据现代经济发展的规律,本书采用间接生产率比较法作为测度一国产业结构高级化的方法。具体公式表述如下:

$$TP = \sum_{i=1}^{3} \frac{Y_i}{Y} LP_i, i = 1,2,3 \qquad (式 5-2)$$

$TP$ 代表产业结构高级化测度指数,$Y_i$ 是各产业产出值,$Y$ 代表总产值,$LP_i$ 是各产业的劳动生产率。产业结构高级化过程是资源和要素从生产率较低的部门流向生产率较高的部门,由此新增的要素在生产率较高的产业部门进行配置,进而使生产率较高的产业部门份额不断提升,不同产业部门的生产率共同提高,即产业结构高级化本质上包含两部门,产出比例关系的演进和劳动生产率的提高。[②] 鉴于此,产业结构高级化测度指数以各产业产值比重与劳动生产率的乘积来表示,其测度指数 $TP$ 值越大,代表产业高级化程度越高,否则越低。

## 第二节 英国产业结构调整实质

根据产业结构合理化与高级化测度的一般标准,本书大致判定出目前英国产业结构所面临的状态。泰尔指数是测量一国产业结构合理化程度的指标,而产业结构高级化测度指数是测量一国产业结构高级化的指标。从

---

① Herrick B. and Kindleberger C. P., *Economic Development* (MeGraw-hill, 1983), pp. 21—22.
② 彭冲、李春风等:《产业结构变迁对经济波动的动态影响研究》,《产业经济研究》2013年第3期,第91—100页。

泰尔指数看（具体见图 5-1），近些年来，英国产业结构失衡态势在不断加深，合理化水平趋于下降。尤其自金融危机后，英国产业结构的"非平衡"状态不断增强。而从高级化测度指数（具体见图 5-2）看，英国的产业结构整体上不断向高级化演进，即整体处于不断的转型升级过程中。但从转型升级的速度看，英国产业结构转型升级的进程或者说高级化的进程不断趋缓。尤其在金融危机后，英国产业结构高级化的进程更加趋缓。也就是说，英国产业结构在不断向高级化演进过程中，其产业结构的不合理性和不平衡性程度因受到各种因素的制约而愈加明显。

那么，造成英国产业结构合理化下降和高级化进程趋缓的主要原因是什么？英国产业结构演进调整中主要存在哪些问题？其调整的真正实质和目标是什么？这些都是本书要研究的核心问题，也是贯穿于本书的核心线索。

## 一、英国产业结构调整中存在的问题

本书对英国产业结构的调整问题主要分为四个阶段进行了分析，即第二次世界大战后英国对企业的大规模国有化及政府过度干预时期；20 世纪 80 年代开始的新自由主义经济发展模式下的自由竞争时期；20 世纪 90 年代开始的"自由竞争+产业短期扶持"时期；金融危机后新一轮产业结构调整实施的"再工业化"政策时期。而在英国产业结构调整中，暴露出英国调整过程中存在的许多问题，主要包括以下三个方面。

第一，产业结构的"失衡"问题愈加严重。自第二次世界大战后，英国通过不断调整产业政策和宏观经济政策等来调整产业结构，结果却十分不令人满意。"失衡"愈加严重的几个表现是：首先，英国"去工业化"速度非正常化。统计数据显示，1948—1980 年，英国工业占 GDP 比重从 48.1% 下降到 41.3%，下降近 7 个百分点；而 1980—2015 年，英国工业在国民生产总值中的比重从 41.3% 下降至 20.1%，下降幅度竟超过 21 个百分点。英国这样的工业下降程度在世界中无疑是最高的。而这种非正常化的"去工业化"不仅令本国就业大幅降低，更严重威胁到本国在国际市场的经济地位。其次，就业结构的失衡。从就业情况看，与OECD其他国家相比，单就英国制造业就业人数看，1966年英国制造业就业人数为840万人，然而，截至2015年底，就业人数下降至243万人，下降幅度高达246%。

第二，产业结构的转型升级难度加大。在经济发展中，工业和制造业是实现创新力的源泉。就科研投入情况看，制造业一般具有最高的科研比重，也是经济发展的强大动力。但英国不断下滑的制造业造成英国结构的不断失衡。产业结构不合理化程度的增强同时造成英国产业内结构的失衡，而高级化程度的不断放缓证明了英国产业结构转型升级的难度在不断增大。

第三，陷入"生产率之谜"。英国的"生产率之谜"问题一直困扰着当前英国的经济发展。之所以称为"生产率之谜"，是因为英国当前的生产率增长，尤其是金融危机后的生产率增长，无论是在现在的绝对数量上，还是与之前几十年作比较，增长程度都更加缓慢。而这一缓慢的生产率增长与不断复苏的各国产出、就业等现象明显相悖，且其发展轨迹不断偏离原来既定的或者是预期的增长轨迹，不断呈现出下滑的增长趋势。虽然对"生产率之谜"的解释众多，如技术创新滞后论[①]、经济周期论等，但存在一点是相通的，即不论"生产率之谜"的出现是一种固然现象，还是一种暂时现象，其根本原因在于目前世界各国所面临的结构性失调。

## 二、英国产业结构调整目标

基于对产业结构调整一般性规律和英国产业结构调整实质性问题的分析，英国产业结构调整的根本性问题主要涵盖三个方面，即实现英国产业结构的"再平衡"、实现英国产业结构的转型升级和提高生产率水平及民众生活水准。

---

① 这里的技术创新滞后论主要指的是，新的创新技术所带来的经济增长和生产率增长因不能及时发挥作用，而会出现一段实现生产率增长的滞后期。

（一）英国产业结构的"再平衡"

2008年国际金融危机后，英国制定了《英国制造业2050》战略规划。此战略规划的主要目的在于为制造业的重振提供有力的政策措施，主要包括三个目标。第一，识别和分析出能够影响制造业部门发展的重要推动力；第二，能够及时把握住本国制造业所面临的机遇和挑战，进而可以督促政府和企业为此及时做出相应的准备；第三，能够为政府提供有效建议，进而政府推出的产业政策和宏观经济政策等可以更加有利地扶持英国制造业的增长和弹性发展。尤其在金融危机后，本规划的及时推出主要针对的对象为政府和企业，政府作为政策决策人，企业作为决策的执行者，两者都是影响产业结构演进的重要因素。

英国之所以在金融危机后迅速制订重振制造业的系列计划，正是意识到了本国产业结构演进的不平衡趋势加大了本国经济在危机中的脆弱性。一个不可否认的事实是，自第二次世界大战后，英国抵抗经济危机的能力已不断减弱，其中一个最主要的原因是本国产业结构发展的不平衡。本书通过产业结构合理化测度指数——泰尔指数，大体判断出本国产业结构的合理化水平。图5-1是1990—2015年的产业结构合理化测度情况，从图中可以看出，本国产业结构的整体合理化水平在波动中呈现下降趋势。泰尔指数越大，产业结构失衡程度越高。鉴于此，英国从经济发展的稳定性和持续性长期发展角度出发，提出产业结构的"再平衡"。

（二）英国产业结构的转型升级

在经济发展中，产业结构转型升级的过程即为产业结构优化调整的过程。对英国来说，在产业结构的优化调整方面仍有较大的提升空间。

图5-2展示了英国产业结构高级化测度指数情况。可以看出，1990—2000年，英国产业结构高级化进程基本与预期持平，在产业结构演进中高级化进程稳步推进；2000—2007年，高级化进程有所加快，即产业结构的转型升级步伐加快。其中，信息技术和金融、保险等服务业为英国产业结构转型升级贡献较大。但金融危机后，本国产业结构转型升级的进程较预期速度有所减缓，甚至下降。从图5-2中看出，金融危机后，英国高级化

**图 5-1　英国产业结构合理化测度指数（TL）**

注：TL=0，说明产业结构在平衡经济中处于合理化水平，若 TL 不为 0，则表示产业结构处于非平衡状态，TL 偏离 0 值越大，则产业结构的不均衡程度越高。

数据来源：泰尔指数（TL）中各产值 Y 数据取自世界银行（不变价格），而就业数据取自英国统计局。

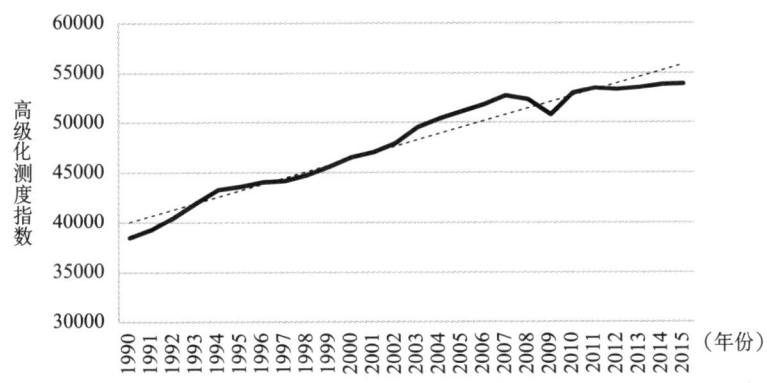

**图 5-2　英国产业结构高级化测度指数（TP）**

注：TP 的数值越大，表示本国高级化程度越强；TP 数值越小，表示产业结构高级化进程越缓慢。

数据来源：高级化测度指数（TP）中，各产值 Y 数据取自世界银行（不变价格），而就业数据取自英国统计局。

程度与预期发展轨迹差距不断增大，其中主要原因可能存在三点。第一，英国以金融、保险等为主导产业的服务业发展模式的创新潜力已进入成熟"疲软期"，亟须新的技术刺激；第二，愈加失衡的产业结构在一定程度上对产业结构的转型升级和向高级化演进构成一定程度的制约；第三，制造业是最具创新潜力的行业，而其发展的不断弱化很大程度上降低了英国产业结构转型升级的进程。

通过产业结构调整，英国可以实现三个目标：第一，低效率产业的比重会不断降低，而高效产业比重会不断加大。英国在新一轮的产业结构调整中，政府会更加注重部门政策的实施，更加倾向于中高端技术密集型产业、智能低碳绿色产业及高生产率行业。第二，实现资源的优化配置，进而达到产业结构合理化和高级化的协调发展。第三，与现代技术实现充分融合，以期达到生产效率最优化。

（三）提高生产率水平及民众生活水准

1. 英国生产率存在的问题

金融危机后，世界各发达国家纷纷陷入"生产率之谜"的困境，英国也不例外。简单地说，即英国生产率并没有按照本国经济复苏的轨迹进行增长，也没有伴随产出的增加而得到提升。一般来说，伴随本国每小时商品及服务产出的增加及生活水平的提高，英国整体生产率应呈现不断上升趋势，但却呈现出缓慢下滑趋势，具体情况见图5-3和图5-4。

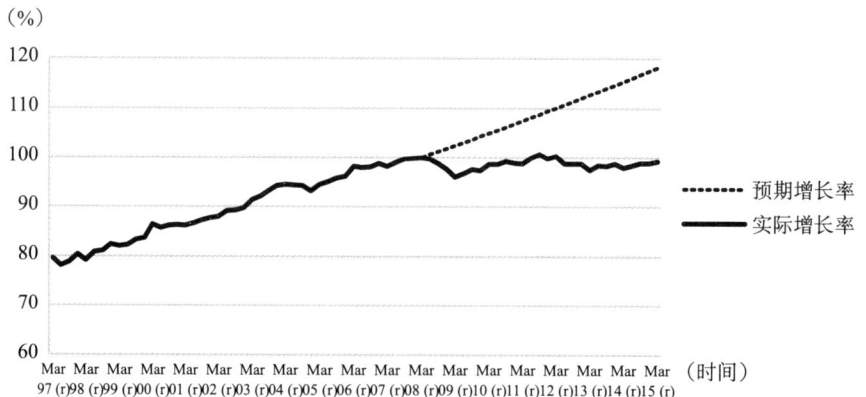

图5-3　英国劳动生产率预期及实际增长率

数据来源：Labour Productivity BulletinQ1 2015, ONS. http：//visual. ons. gov. uk/productivity - puzzle.

第五章 英国产业结构调整实质 | 105

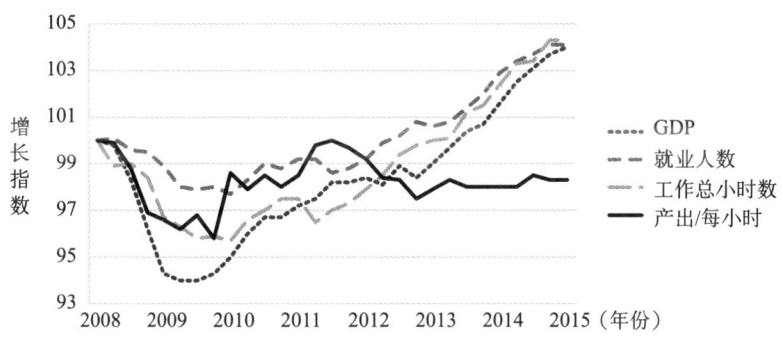

**图 5-4 金融危机后英国产出、就业与生产率比较**

数据来源：Quarterly National Accounts Q1 2015 and Labour Productivity Bulletin Q1 2015, ONS.

图 5-3 表示的是 1997—2015 年英国预期生产率和实际生产率增长的具体情况。从图中看出，英国的劳动生产率自 2008 年金融危机后一直呈现相对下降趋势。一般而言，金融危机后，特别是 2008—2009 年，伴随英国经济的下降，劳动生产率出现下降或许无可厚非，但伴随英国经济的不断复苏及贸易状况的改进，劳动生产率仍呈现出相对下降的趋势，这是第二次世界大战后所呈现出的史无前例的现象。从图 5-3 的数据看，劳动生产率若顺延 2007 年之前即金融危机前的趋势发展，那么截至 2015 年，英国的劳动生产率至少应提高 16%，同时就业人员的工资及生活水平应是更高水平。图 5-4 是金融危机后英国产出、就业与劳动生产率变动情况。从英国产出数值看，在经历了 2008—2009 年经济危机时期的陡然下降后，之后的产出呈现出不断上升趋势。在之后的经济复苏发展中，不论是就业人数还是就业劳动者的工作总小时数，都呈现出了不断上涨趋势，且工作总小时数增长幅度更大。然而，英国劳动生产率却呈现出不断下降趋势[①]。

对于图 5-3 和图 5-4 中所呈现出的生产率问题，目前仍旧缺乏权威解释，但存在三种代表性解释。第一，结构性失衡带动的遗留问题在金融

---

① 体现在具体数据上，从每小时产出所测量的劳动生产率看，英国 2016 年第二季度到第三季度的生产率增长为 0.4%。服务业部门生产率季度环比增长率为 0.3%，而制造业生产率季度环比增长率却下降了 0.2%。虽然劳动生产率一直显示出增长态势，但相比金融危机之前仍具有较低的劳动生产率。

危机后集中爆发。金融危机后,以金融服务业为主的经济发展模式不断暴露出其脆弱性,过度发展的金融服务业和快速"去工业化"导致的过低的工业与制造业比重令本国经济在疲软的国际经济发展环境中失去了强有力的发展动力和产业竞争力,进而导致生产率的相对下降;第二,周期性下滑或者技术创新带动的经济增长效应滞后;第三,本国内部经济政策的延误。

2. 提高生产率水平和民众生活水准

生产率水平是经济发展质量的核心表现,也是经济增长的重要因素。李京文和乔根森等[①]系统分析了生产率对经济增长的作用,并实证了生产率是经济增长的重要贡献因素。就英国而言,英国经济与社会研究所发布的最新季度报告指出,英国下调经济增长预期的长期因素在于本国整体生产率水平复苏缓慢。英国央行调查显示,与金融危机前的潜在增长水平相比,单位劳动生产率自金融危机以来累计下跌约16%。英国的经济问题表明,只有从根本上提高本国生产率水平,才能维持本国经济的可持续性增长。同时,英国政府在《打造我们的工业战略》绿皮书中强调,英国政府致力于制定现代化产业战略的根本目标在于通过提高本国整体的生产率水平来改进民众的生活水平和经济增长水平。而这一目标是英国打造更加强大、公平、团结、不断前进的强大国家的规划中的一部分。[②]

---

① 李京文、乔根森:《生产率与中美日经济增长研究》,中国社会科学出版社,1993。
② HM Government, "Building Our Industrial Strategy ( Green Paper)," January, 2017, p. 5.

# 第六章　第二次世界大战后英国产业结构调整绩效表现

第二次世界大战后，英国产业结构调整对本国经济影响颇多。在前文分析的基础上，本章节将继续分析产业结构调整的绩效表现。本章节第一部分主要阐释第二次世界大战后英国产业结构变动对经济的宏观表现及影响，主要选取4个指标对产业结构调整的宏观经济绩效表现做出适当评估，这4个指标是经济增长率、产出占比①、就业增长率、贸易收支。第二部分将进一步分析英国产业结构变动与经济增长的关系，具体表现为产业结构变动对本国劳动生产率增长和经济增长的影响分析。本部分主要利用偏离－份额分析法对劳动生产率增长进行分解，进一步分析产业结构变动的贡献，在此基础上可以进一步分析英国产业结构调整的方向及政策应对。第三部分从国际层面出发，通过国际比较来进一步分析经历了系列结构调整后的英国经济在国际中的具体表现，比较指标主要包括国际生产率、国际产业竞争力、国际经贸地位及综合竞争力等。

## 第一节　英国产业结构变动对宏观经济的影响

一、第二次世界大战后英国经济宏观表现

1945—1955年为英国经济恢复及重建阶段。工业生产在1947年就恢

---

①　本书各产业及各部门的产出数据统一用总附加值（GVA）测量，数据主要来源于世界银行（WB）和英国统计局（ONS）。

复到战前 1937 年的水平。在经济恢复发展的 10 年间，英国工业生产年平均增长率为 4.5%，不低于战前英国工业生产水平。第二次世界大战后通过与美国签订财政协议和马歇尔计划，取得了比其他西欧国家更多的经济援助，加快了经济恢复的速度。

1955—1970 年为经济平稳缓慢增长阶段。在此期间，国内生产总值年平均增长率为 2.8%，比第二次世界大战后初期慢得多，大大落后于其他主要资本主义国家。同期内，日本的工业生产年平均增长率为 15.3%，法国为 7.2%，德国为 6.5%，美国为 4%。综合来说，英国在这段时期并没有出现严重的经济危机，且通货膨胀不超过 5%，失业人数也低于 50 万人。①

英国加入欧共体/欧盟后，经济不断趋向恶化。此阶段英国经济的重要表现在于经济增长更加缓慢，经济增长率甚至出现负增长。面临激烈的国际竞争环境和复杂的政策环境，英国在加速"去工业化"进程中，逐渐丧失了制造业市场的地位。在恶性循环不断累积的经济发展态势下，英国失业率不断提升，尤其在撒切尔政府执政时期，失业程度堪比 20 世纪 30 年代的经济危机，甚至更甚。此阶段的经济表现如图 6-1 所示。

表 6-1　　　　第二次世界大战后英国国内生产总值及增长情况

（按 1975 年固定价格计算）

| 年份 | GDP（亿英镑） | 指数 | 年增长率（%） | 年份 | GDP（亿英镑） | 指数 | 年增长率（%） |
| --- | --- | --- | --- | --- | --- | --- | --- |
| 1950 | 561.9 | 100 | 3.1 | 1972 | 991.1 | 182.9 | 2.3 |
| 1955 | 631.8 | 116.6 | 3.8 | 1973 | 1065.5 | 196.6 | 1.5 |
| 1960 | 713.1 | 131.6 | 4.7 | 1974 | 1054.8 | 194.6 | -1 |
| 1965 | 833.7 | 153.8 | 2.4 | 1975 | 1049.1 | 193.6 | -0.5 |
| 1966 | 851 | 157 | 2.1 | 1976 | 1087.3 | 200.6 | 3.6 |
| 1967 | 873.4 | 161.2 | 2.6 | 1977 | 1101.1 | 203.2 | 1.3 |
| 1968 | 909.6 | 167.9 | 4.1 | 1978 | 1137.6 | 209.9 | 3.3 |

---

① 方甲：《产业结构问题研究》，中国人民大学出版社，1997，第 179 页。

续表

| 年份 | GDP（亿英镑） | 指数 | 年增长率（%） | 年份 | GDP（亿英镑） | 指数 | 年增长率（%） |
| --- | --- | --- | --- | --- | --- | --- | --- |
| 1969 | 922.7 | 170.3 | 1.4 | 1979 | 1153 | 212.8 | 1.4 |
| 1970 | 943.4 | 174.1 | 2.2 | 1980 | 1132.5 | 209 | -1.8 |
| 1971 | 969.1 | 178.8 | 2.7 | | | | |

注：增长指数以1950年为基期，1950=100。

资料来源：方甲：《产业结构问题研究》（1997年），转引自复旦大学世界经济研究编《世界经济》，人民出版社，1986，第18页。

20世纪80年代后，英国经济由凯恩斯主义管理模式进入了新自由主义经济发展模式。科技革命的爆发引领发达国家逐渐步入知识经济时代，英国服务业快速取代制造业成为本国经济发展的主导产业，并呈现不断增长趋势。而制造业内部在优胜劣汰中不断趋向于技术密集型行业，如机械、运输设备、医药行业、航空航天等资本密集型和技术密集型产业。就此阶段的整体经济增长而言，20世纪90年代后，英国经济在信息技术革命的推动下进入了快速增长阶段，年平均增长率达到2.93%。但受金融危机的冲击，英国经济出现剧烈波动。一是经济增长率的波动。自金融危机后，英国年经济增长率从2007年的2.6%下降到2009年的-4.3%，经济增长率下滑近7个百分点。2010年后经济虽有好转，但经济增长仍旧乏力。二是产业结构的波动。自20世纪90年代以来，英国服务业地位大幅提升，而工业与制造业在经济中的地位不断下降，具体表现在三次产业结构的就业、贸易收支、各产业内部的结构变动及生产率等方面。从产业结构的演进趋势看，产业结构的分化趋势愈加明显。

## 二、英国产业结构演进及调整绩效

（一）英国三次产业结构变动宏观表现

第二次世界大战后，英国三次产业结构的演进情况如表6-2、表6-3和图6-1所示。表6-2和表6-3是1950—1984年英国三次产业的国内生产总值与就业分别占比情况。就三次产业的国内生产总值占比来看，英国三次产业结构演进经历了先缓慢分化，然后再进行快速分化的过程，具体见图6-1。数据显示，1950年，农业、工业和服务业三产业的国内生产总值占比分别为5.7%、48%和46.3%，而截至2015年，三产业国内生产总值占总产值的比重分别为0.79%、18.61%和80.6%，其中，农业和工业经历了快速下滑阶段，尤其是工业，在20世纪80年代快速下降，这与英国80年代在欧共体内经历的激烈的比较优势竞争、英国大规模私有化及实施的经济政策有着密不可分的联系，导致了英国的快速"去工业化"。相对而言，英国服务业逐渐成为本国的主导经济产业。1950—2015年，英国服务业GDP占比从46.3%升高到80.6%，可以看出服务业在英国经济发展中占有极为重要的地位，是英国经济发展的重中之重。

表6-2　1950—1984年英国三产业生产总值（GDP）与就业比重　　　单位：%

| 年份<br>产业 | 1950 | | 1960 | | 1970 | | 1980 | | 1984 | |
|---|---|---|---|---|---|---|---|---|---|---|
| | GDP | 就业 | GDP | 就业 | GDP | 就业 | GDP | 就业 | GDP | 就业 |
| 第一产业 | 5.7 | 5.6 | 4 | 4.4 | 2.8 | 2.1 | 2.2 | 1.6 | 2.1 | 1.6 |
| 第二产业 | 48 | 50.6 | 47.5 | 48.6 | 42.7 | 46.6 | 40.2 | 39.4 | 41.4 | 33.7 |
| 第三产业 | 46.3 | 43.8 | 48.5 | 47 | 54.5 | 51.3 | 57.6 | 59 | 56.5 | 64.7 |

资料来源：方甲：《产业结构问题研究》（1997年），转引自National statistics, Monthly Digest of Statistics, 19, London, HMSO, 1955, 1969, 1979, 1984, 1986。

表6-3　1990—2015年英国三产业产出附加值（GVA）与就业比重　　　单位：%

| 年份<br>产业 | 1990 | | 1995 | | 2000 | | 2005 | | 2010 | | 2015 | |
|---|---|---|---|---|---|---|---|---|---|---|---|---|
| | GVA | 就业 | GVA | 就业 | GVA | 就业 | GVA | 就业 | GVA | 就业 | GVA | 就业 |
| 第一产业 | 1.05 | 1.15 | 0.95 | 1.05 | 0.88 | 0.93 | 0.83 | 0.88 | 0.73 | 0.79 | 0.79 | 0.70 |
| 第二产业 | 29.17 | 25.84 | 27.33 | 22.17 | 24.94 | 20.51 | 22.04 | 16.63 | 20.11 | 14.70 | 18.61 | 14.12 |
| 第三产业 | 69.78 | 73.02 | 71.73 | 76.78 | 74.18 | 78.55 | 77.14 | 82.49 | 79.16 | 84.51 | 80.60 | 85.18 |
| 经济增长率 | 0.55 | | 2.52 | | 3.79 | | 2.99 | | 1.54 | | 2.32 | |

数据来源：基本数据来源于世界银行和英国统计局，表中数据为作者计算。

第六章　第二次世界大战后英国产业结构调整绩效表现 | 111

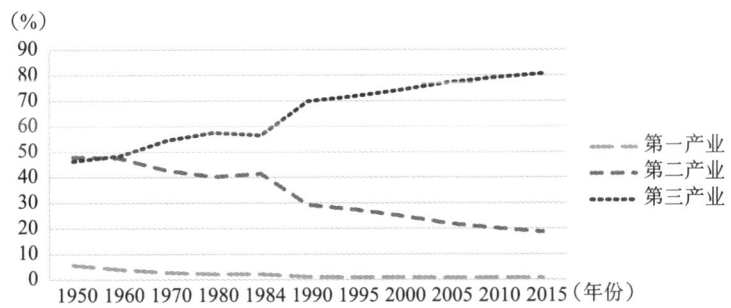

图 6-1　1950—2015 年英国三次产业结构产值变动情况

数据来源：方甲：《产业结构问题研究》，中国人民大学出版社，1997 年版，第 180 页；
　　　　　世界银行和英国统计局（ONS）。

（二）英国三次产业结构内部变动分析

根据国际货币基金组织公布的数据，2016 年，英国是世界第六大经济体。虽仍处于世界经济发展大国地位，但其经济影响力、产业竞争力及国际经济地位已大不如前。从整体产出看，1960 年，英国总产出[①]占世界总产出的比重为 5.35%，截至 2015 年，英国总产出占世界总产出的比重为 3.85%，占比下降 1.5 个百分点。从英国经贸进出口份额看，1970—2015 年，英国商品和服务业总出口占世界份额从 1970 年的 5.44% 下降到 2015 年的 3.46%，下降近 2 个百分点。[②] 当然，没有对比就看不出差距。相比之下，美国和德国在 1970—2015 年，商品和服务总出口一直呈现上升趋势，45 年间，两国出口占世界份额分别上升近 2% 和 1%，较英国的出口份额差距呈现不断拉大趋势。对英国而言，不论是经贸市场地位还是产业竞争力地位的变化，都与英国产业结构及内部的变动有着最为紧密的联系。从产业结构视角看，长期趋势下，英国经济地位的变化可以从产业间及产业内产业结构的变化进行着手分析。那么，近些年来，英国产业结构主要发生了哪些变化？

---

① 这里的产出数据统一用国内生产总值（GDP）代替，此处数据源于世界银行。
② 王展鹏编《英国发展报告（2015—2016）：英国产业结构调整新动向》，中国社会科学文献出版社，2016，第 212 页。

1. 三次产业结构中服务业长期居主导地位且呈现不断增长趋势

英国服务业长期占主导地位主要体现在占 GDP 比重和就业占比。从长期发展趋势看，英国服务业于 20 世纪 60 年代赶超工业成为本国最主要的经济发展产业。1960 年，英国服务业 GDP 占比达到 48.5%，而根据世界银行数据，截至 2015 年，英国服务业 GDP 占比已高达 80.6%，几乎提高一倍。而就其就业而言，伴随着产业结构不断向高级化演进，英国服务业拥有更高的吸引力。从服务业就业占总体就业的比重看，1950—2015 年，英国服务业就业占比从 43.8% 提高到 85.19%，且不断呈现出上涨趋势。虽然英国服务业相比工业与制造业有更低的生产率水平，但英国服务业的就业"刚性"和产业结构中存在的"鲍莫尔成本病"一直令本国服务业就业水平居高不下。

英国服务业的快速提升发展，主要取决于两个层面的因素。首先，环境因素。第一，产业结构演进的自然规律。随着一国经济的不断提升发展，其供给结构和需求结构会发生相应变化，而民众的消费水平和消费偏好也随之不断提升改进，加之技术的进步，加速了服务业的发展进程。第二，国际市场激烈竞争中的优胜劣汰。尤其自英国加入欧共体/欧盟，欧共体的产业政策、自由竞争政策和英国本身的私有化竞争政策等都极大强化了英国服务业的竞争优势，弱化了制造业竞争力。第三，政府产业政策和宏观经济政策的扶持。在英国过去发展的数十年中，英国一直将更多的注意力放在了具有国际竞争优势的服务业方面，尤其是保险业和金融业，造成"顶端优势"，而对制造业更加忽视。第四，英国 ICT 产业的发展极大带动英国服务业的发展。

其次，内部结构因素。英国服务业迅速发展的动力主要源于金融业和保险业等。本国金融、保险等技术密集型服务业的发展对本国服务业贡献极大。第一，从银行内部结构来看，银行、保险、地产和其他商业服务业的增加值占 GDP 的比重增长最快。数据显示，银行、保险、地产和其他商业服务业增加值占 GDP 的比重在 15 年间提升了近 7 个百分点，其增长幅度最大，接近整个服务业占 GDP 的比重增长幅度。相比之下，运输、贸易、酒店和餐厅、政府、医疗、教育、其他个人服务业等占GDP的比重就没有太大的变化。具体数据如表6-4所示。

表6-4　　　　1990—2014年英国服务业内部结构变动

| 类目<br>年份 | 物流、运输、住宿和酒店服务等增加值占比（%） | 信息技术及通信增加值占比（%） | 银行业、保险业、地产及其他商业服务业增加值占比（%） | 政府、医疗、教育及其他个人服务业增加值占比（%） |
| --- | --- | --- | --- | --- |
| 1990 | 18.32 | 4.80 | 25.88 | 20.23 |
| 1991 | 18.35 | 4.80 | 26.22 | 20.55 |
| 1992 | 18.35 | 4.80 | 26.58 | 20.83 |
| 1993 | 18.09 | 4.82 | 27.45 | 20.90 |
| 1994 | 18.18 | 4.90 | 27.39 | 20.40 |
| 1995 | 17.98 | 4.82 | 28.16 | 19.83 |
| 1996 | 18.28 | 4.80 | 28.33 | 19.50 |
| 1997 | 18.91 | 5.10 | 28.65 | 19.25 |
| 1998 | 19.22 | 5.59 | 28.98 | 19.23 |
| 1999 | 19.39 | 5.97 | 29.13 | 19.70 |
| 2000 | 18.75 | 6.26 | 28.99 | 19.78 |
| 2001 | 19.34 | 6.27 | 29.21 | 20.39 |
| 2002 | 18.89 | 6.40 | 29.26 | 21.04 |
| 2003 | 18.85 | 6.49 | 29.76 | 21.44 |
| 2004 | 18.77 | 6.53 | 30.10 | 21.96 |
| 2005 | 18.26 | 6.29 | 30.59 | 22.19 |
| 2006 | 17.87 | 6.13 | 31.11 | 22.22 |
| 2007 | 17.80 | 6.12 | 31.86 | 22.05 |
| 2008 | 17.84 | 6.20 | 31.73 | 22.39 |
| 2009 | 17.64 | 6.18 | 31.81 | 23.83 |
| 2010 | 18.00 | 6.09 | 30.98 | 24.09 |
| 2011 | 17.83 | 6.28 | 31.22 | 23.69 |
| 2012 | 17.62 | 6.22 | 31.80 | 23.54 |
| 2013 | 17.96 | 6.25 | 31.72 | 22.85 |
| 2014 | 18.38 | 6.24 | 32.22 | 22.33 |

数据来源：根据英国统计局（ONS）数据整理所得。
United Kingdom National Accounts：The Blue Book 2016.

第二,从银行业出口结构看,保险和金融服务、通信、计算机等服务业增长最快,而旅游服务业和运输服务业下降最快。数据显示,保险和金融服务、通信、计算机等服务业占服务出口的比重从1991年的49.2%上升到2008年的73.3%,增长约24个百分点,而旅游服务占商业服务业出口的比重在十几年间从27.17%下降到12.8%,下降高达14个百分点,运输等商业服务业的出口比重下降幅度也较大,下降近9.6%。从服务业进口结构看,通信和计算机服务业增长最快,而旅游服务业下降最快。数据显示,通信和计算机服务业在1991—2008年进口比重从25.34%升高到38%,增长约13%,增长幅度最大;其次是金融业和保险业,进口增长约4个百分点。而运输服务业的进口是急速下降的,下降幅度最大,近13个百分点;其次是旅游业,下降约5个百分点。①

2. 制造业整体不断萎缩,但向技术密集型行业集聚

从英国制造业历年的整体发展形势看,制造业的发展主要呈现出两个特点。第一,在加速"去工业化"的过程中,制造业呈现出快速下滑态势。从英国制造业总附加值占比情况看,1990年,英国制造业附加值占比为18.8%,截至2015年,制造业附加值占比已下降为10.2%,即1990—2015年下降了8.6个百分点。② 从制造业就业形势看,萎缩趋势更为明显。根据英国统计局统计数据,1978—2016年,英国制造业就业下滑超过18.6个百分点。具体来说,1978年英国制造业平均就业比重为26.84%,1990年已下降为17.99%,截至2016年,英国制造业就业份额仅为8.2%。英国制造业附加值份额和就业份额的快速下滑不仅说明了英国经济的高速服务化,也说明了英国制造业在国际市场中竞争力的缺失和国际地位的下滑。同时,间接表明英国就业人员对制造业行业就业态度的不断转变。③ 第二,制造业内部发展逐渐向技术密集型行业聚集。制造业不断向资本和

---

① 张毅:《全球产业结构调整与国际分工变化》,人民出版社,2012,第109—111页。
② 数据来源:世界银行(WB)。
③ Government Office for Science, "The Future of Manufacturing: A New Era of Opportunity and Challenge for the UK," (2013).

技术密集型行业聚集主要表现在总体附加值占比和内部增加值占比两个方面。就中低端技术制造业和中高端技术①制造业附加值占比情况看，尤其自金融危机后，在政府产业政策、宏观经济政策等着力发展和扶持下，英国中高端技术密集型制造业的附加值不断提高，具体情况如图6-2所示。图6-2清晰地展示了英国20世纪90年代以来制造业内部产业附加值比重变化情况，可以看出，自90年代末，英国中高端制造业附加值就基本与中低端制造业持平，而在金融危机后，中高端制造业不断赶超中低端制造业。就各自的附加值占比情况看，截至2014年，中高端技术制造业附加值占比为5.32%，高出中低端制造0.5个百分点。从两者的发展趋势看，伴随英国产业结构的不断优化调整，中高端制造业与中低端制造业的差距会不断拉大。就产业内部的增加值比重看，英国制造业不断倾向于技术密集型的趋势也很明显。首先，以机械和运输设备业、电力和医疗设备等资本密集型和技术密集型为主的制造业，其增加值比重超过70%。相比之下，纺织及服装业等在近些年的发展中，增加值比重呈现下降趋势，由1993年的5.9%下降至2005年的3%，下降幅度均达到2.5个百分点。②

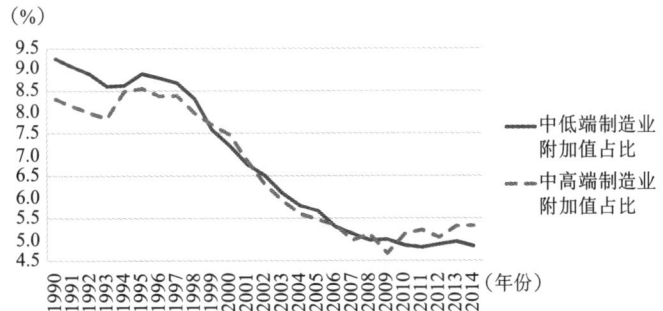

**图6-2 英国中低端和中高端制造业附加值占比**
数据来源：根据英国统计局（ONS）基本数据计算所得。

---

① 根据英国统计局对制造业低中高端类型的分类，本书中的中低端制造业主要包括：食品、饮料和烟草；纺织、服装和皮革；木材、纸类和印刷；焦炭及精炼石油产品；橡胶、塑料和非金属、金属类产品。中高端技术制造业包括：化工及相关产品、基本医药及制剂、计算机、电子及光学产品、电子设备、机械设备、交通设备及其他制造业等。

② 数据来源：世界银行《2010年世界发展指标》。

(三) 英国产业结构调整绩效

事实上，在以上第一部分和第二部分的分析中已体现出自第二次世界大战后英国产业结构的调整成效，本部分将在前两个部分分析的基础上进一步从长期调整成效和短期调整（又称为"新一轮产业结构调整"）成效两个层面进行进一步剖析。其中，对产业结构调整成效评价的指标主要包括贸易收支、产业竞争力及国际市场地位等方面。

1. 英国产业结构调整长期成效

从英国长期产业结构调整形势看，英国产业结构不仅没有趋向平衡，反而分化趋势更加明显，即工业与制造业在经济中的地位不断下降，而服务业地位却大幅提升。但从英国展开的新一轮产业结构调整短期形势看，英国产业似乎开始呈现"优化"局面。

长期看，英国经济在国际社会中呈现不断下滑趋势，且产业结构分化趋势愈加明显，主要体现在以下两个方面。

第一，英国商品和服务总出口占世界份额不断下降，国际贸易地位正在下滑。世界银行数据显示，1970—2015年，英国商品和服务业总出口占世界份额从1970年的5.44%下降到2015年的3.46%，下降近2个百分点。相比之下，美国和德国的商品服务总出口整体上一直呈上升趋势，1970—2015年，两国出口占世界份额分别上升近2%和1%，且与英国的出口份额差距不断拉大。具体见图6-3。

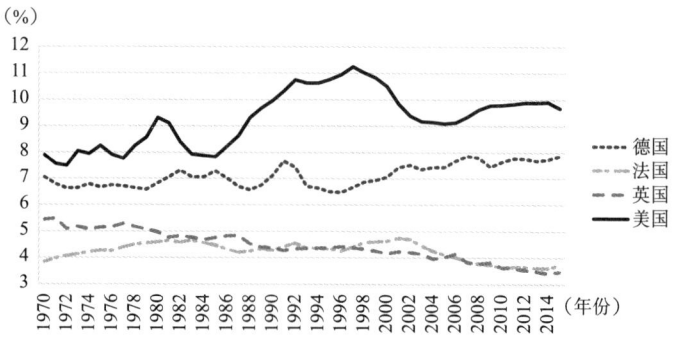

图6-3 各国1970—2015年商品和服务总出口占世界份额比重

数据来源：世界银行（WB）。

英国出口份额的下降在欧盟国家体现得尤为明显。在英国出口的前十大目标市场①中，除去美国和中国，其余都为欧盟国家。从英国对欧盟国家的出口看，除去瑞士，英国对其他7国的出口份额都呈现下滑趋势，其中，对法国的出口份额下降最为明显，过去15年间下降近3个百分点；其次是德国，下降近2.5%；意大利下降近2.1%。相比之下，英国向非欧盟国家的出口却有一定程度的提升。OECD统计数据显示，英国2015年向美国出口份额为6924亿美元，同比增长7.94%，向中国出口同比增长为5.33%。

不论是欧盟市场还是欧盟外的国际市场，从英国出口的不断下降可以看出英国国际竞争优势的逐渐丧失及国际贸易地位的不断下滑。至于下滑的原因，除受全球化、国内和国外竞争政策等因素的制约外，与英国产业结构的不断演进及产业政策的实施有着密不可分的联系。一方面，产业政策在不同时间上出现"错配"现象。尤其自第二次世界大战后，英国急于复苏经济和追赶美国、德国等发达国家经济前进的脚步，先是走"部门政策"的国有化道路，重点扶持一些冠军产业，而忽略了制造业的整体发展，之后在复杂的国际政治经济形势下，代替对新兴产业及重点产业的保护，英国不断采取自由竞争的产业战略，进而导致本国制造业的进一步衰败。另一方面，快速"去工业化"和过度金融化的产业结构演进步伐导致产业结构"失衡"形势加剧，使英国制造业在国际社会中的竞争优势和国际地位不断"丢失"。长期产业的不平衡发展为英国贸易出口份额的下降及国际贸易地位的下滑打下坚实铺垫。

第二，英国制造业国际竞争力不断下降，市场占有率逐渐降低。在经济发展历程中，英国制造业增加值和就业份额都经历了戏剧性下降，而服务业增加值及相关就业却有明显提升。虽然英国产业结构的这种变化趋势与欧美发达国家都极为相似，但英国制造业相关指数的下降速度无疑是最

---

① 英国出口前十大目标市场包括：比利时和卢森堡、法国、中国、爱尔兰、荷兰、西班牙、瑞士、美国、德国、意大利。

快的。具体情况见图6-4。

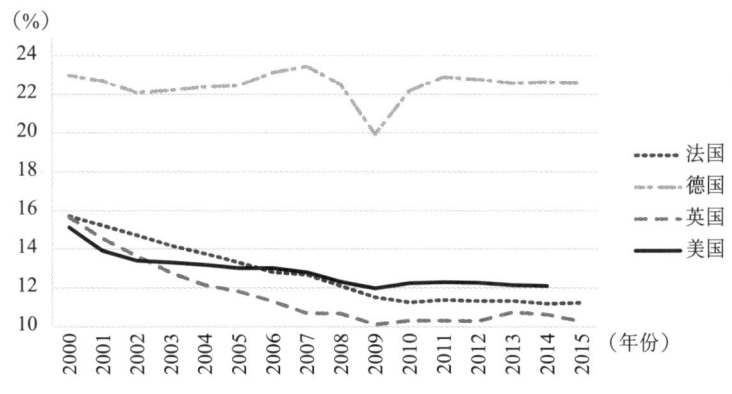

图6-4 发达国家制造业增加值占GDP份额

数据来源：世界银行（WB）。

英国"去工业化"程度高，制造业增加值占GDP份额下降幅度最大。从增加值占比情况看，截至2015年，德国制造业份额占比最高，其次是美国、法国，英国制造业占比最低。从下降趋势看，英国制造业下降幅度最大。世界银行数据显示，从2000年到2015年，德国、美国、法国的制造业增加值占比分别下降17.7%、20.04%、28.62%，而英国占比却下降了34.5%。

金融危机后，英国加大了对制造业的投入和关注力度。其中，制药行业、航空航天、化工业、交通设备等中高端技术制造业的发展都有一定程度的提升。但在疲软的国际经济和动荡的国际政治背景下，英国制造业却很难得到有效提升。

2. 新一轮产业结构调整绩效

短期看，金融危机后，英国新一轮产业结构调整的效果仍不明显，但产业结构的"优化"局面逐渐显现，主要体现在以下三个方面。

第一，英国商品服务贸易逆差在波动中呈现缩小趋势。在英国经济发展的25年间，英国商品服务贸易收支呈"升—降—升"的发展趋势，收支情况逐渐改善，具体见图6-5。随着经济全球化及一体化程度加深，全球竞争日趋激烈，而伴随新兴经济体的崛起，英国在制造业方面的比较优势逐渐丧失。同时，伴随英国制造业出口的下降和进口的不断上升，其贸易逆差逐渐扩大。

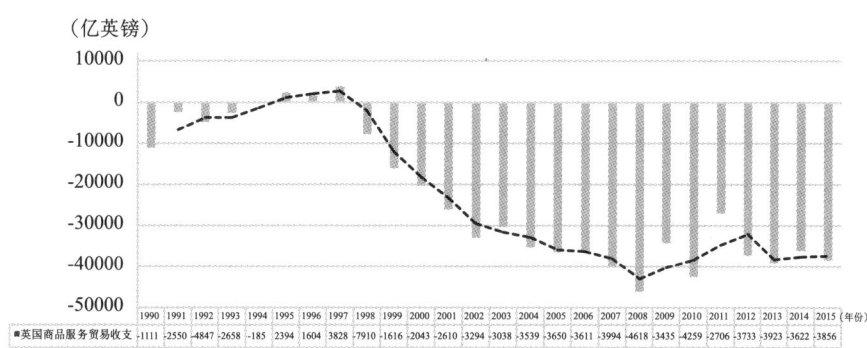

图6-5 英国商品服务贸易收支情况

数据来源：英国统计局（ONS）。

金融危机后，英国更加注重制造业的发展及产业结构的"再平衡"，在相关政策的刺激和产业政策扶持下，制造业出口形势有所改善，其中汽车业、造船业、航空航天、化工产品、金属制品及交通设备等中高端技术制造业的出口相对扩大①，同时，伴随服务业出口的增加，贸易逆差开始逐步缩小。2015年，英国商品服务贸易收支额为-385.6亿英镑，较2008年提高16.5%，贸易收支整体形势有所改善，但较2014年仍旧下降6.46%。2016年，其一季度贸易收支逆差为401亿美元，较2015年四季度环比下降3.4%。

第二，英国中高端技术制造业发展明显提高，对经济增长贡献开始突出。近年来，英国中高端技术制造业的产出形势明显改善。英国统计局数据显示，2015年，一些中高端技术制造业部门，如交通设备、汽车业、制药行业、计算机及电子设备等部门，其产品销售值较2014年有较大提升，

---

① "Publication Tables, UK Trade, CPA (08)," ONS, Jun. 14, 2016, https：//www.ons.gov.uk/economy/nationalaccounts/balanceofpayments/datasets/publicationtablesuktradecpa08.

提升比例分别为 7.7%、2.3%、2.2%、1.2%，对国家经济增长的贡献值分别为 0.56%、0.3%、0.06% 和 0.04%（详见表 6-5）。相比之下，英国中低端技术密集型产业的发展则一直处于衰退之中。从 2015 年中低技术制造业部门的销售价值及对国家经济增长贡献率看，这些部门在近些年的发展中地位不断下降，且对本国经济具有一定的阻碍作用。

表 6-5　英国制造业部门产品销售价值及对经济增长的贡献

|  | 产品销售价值（十亿英镑） | | 变化（%） | 对增长的贡献（%） |  | 产品销售价值（十亿英镑） | | 变化（%） | 对增长的贡献（%） |
| --- | --- | --- | --- | --- | --- | --- | --- | --- | --- |
|  | 2014 年 | 2015 年 |  |  |  | 2014 年 | 2015 年 |  |  |
| 其他交通设备 | 26.7 | 28.7 | 7.7 | 0.56 | 皮革及相关产品 | 0.7 | 0.7 | 0.3 | 0 |
| 汽车、拖车和半拖车 | 47.3 | 48.4 | 2.3 | 0.3 | 家具 | 6.6 | 6.5 | -1.6 | -0.03 |
| 非金属矿产品 | 11.2 | 12 | 7.3 | 0.22 | 纸张及产品 | 10.2 | 10.1 | -1.5 | -0.04 |
| 装配金属制品（机械设备除外） | 25.4 | 26 | 2.1 | 0.15 | 基本金属 | 6.5 | 6.2 | -5.5 | -0.1 |
| 机械设备维修和安装 | 13.9 | 14.4 | 3.6 | 0.14 | 食品 | 67.8 | 67 | -1.3 | -0.23 |
| 制药产品和制剂 | 10.9 | 11.1 | 2.2 | 0.06 | 化工及化工产品 | 22.6 | 21.8 | -3.8 | -0.24 |
| 计算机、电子和光产品 | 12.3 | 12.4 | 1.2 | 0.04 | 机械设备 | 27.7 | 25.7 | -7.4 | -0.56 |
| 烟草产品 | 1.6 | 1.7 | 5.4 | 0.02 | 其他 | 59.1 | 58.5 | -0.1 | -0.29 |

数据来源：PRODCOM - Office for National Statistics.

第三，英国服务业整体呈稳定增长趋势，但增长趋势有所减缓。英国统计局数据显示，2015 年服务业增加值指数同比增长 2.7 个百分点，其中，四大主要服务行业（酒店和餐厅，交通、仓储和通信，商业服务和金融，政府管理及其他）同比增长分别为 4.6%、4%、2.9% 和 0.3%。2016 年 1—4 月，服务业发展形势依旧强劲，各个月份增加值同比增长 2.7%、2.7%、2.2% 和 3.0%，而四大服务业增加值同比增长分别为 5.5%、

3.7%、3.1%和1.1%,① 可以看出,服务业的发展仍呈稳定增长趋势。同时,就服务业对经济增长的贡献看,服务业仍是实现经济增长的最核心要素。2016年一季度,GDP同比增长0.4个百分点,其中服务业的贡献率为0.5%,而生产业和建筑业仍旧呈现负增长,其贡献率分别为-0.5%和-0.5%。就服务业整体就业形势看,2015年服务业部门整体就业占总就业的比重为83%,② 是拉动英国整体就业的主要产业。

然而,英国服务业发展也并非一帆风顺。就服务业占世界市场的份额看,尤其金融危机后,英国服务业出口占比已经出现较明显的下滑趋势,其占世界份额从2007—2008年的8.7%下降到2015—2016年的7%,其中金融和保险业下降趋势最为明显。事实上,英国金融和保险业的总增加值占GDP比重也从2008—2009年的10.7%下降到2015—2016年的8.2%③。由此可知,英国服务业整体上虽仍呈现增长趋势,但增长趋势已有所放缓。④

## 第二节　英国产业结构变动调整对经济增长的贡献

本部分将从理论层面上,基于"结构红利假说",通过偏离－份额分析法进一步从产业结构变动对生产率增长的影响视角来分析产业结构变动对经济增长的影响。

### 一、理论模型

产业结构变动是影响生产率水平和经济增长的一个重要因素,而两者

---

① "Index of Services: Chained Volume Indices of Gross Value Added, Seasonally Adjusted 2013 = 100," ONS, Jun. 30, 2016, https://www.ons.gov.uk/economy/economicoutputandproductivity/output/bulletins/indexofservices/apr2016.

② 数据源于英国统计局,http://www.ons.gov.uk/ons/taxonomy/index.html? nscl = Labour + productivity.

③ "Member States' Competitiveness Report 2015: UK Competitiveness Report," European Commission, 2014, http://ec.europa.eu/DocsRoom/documents/6748/attachments/1/translations.

④ 王展鹏主编《英国发展报告(2015—2016):英国产业结构调整新动向》,社会科学文献出版社,2016,第217页。

之间的关系反映在"结构红利假说"中,多数学者都采用偏离-份额分析法进行分析。偏离-份额分析法最早由法布里坎特[1]提出,之后得以扩展。一般来说,偏离-份额分析法将生产率变动增长分解为结构变化的贡献和产业部门内部增长的贡献两部分,而结构变化的贡献又进一步可以分解为要素的静态转移效应和动态转移效应两部分。本书将在费格伯格[2]、蒂默[3]和彭德[4]等对产业结构变迁效应研究的基础上,使用偏离-份额分析法将产业结构演进过程中产生的结构效应从生产率增长中分解出来,分析产业结构变动对经济增长的影响。

模型变量设定:假定经济总体的劳动生产率水平为 $LP$,其中 $LP_i$ 代表 $i$ 产业部门 $T$ 时期的劳动生产率,$i=1,2,3$;$S_i$ 代表 $i$ 产业部门的劳动力占总劳动的份额,$i=1,2,3$;上标 $0$ 和 $T$ 分别表示研究阶段的初期和终期。那么,$T$ 时期和 $0$ 时期的劳动生产率公式分别为:

$$LP^T = \frac{Y^T}{L^T} = \sum_{i=1}^{n} \frac{Y_i^T}{L_i^T} \cdot \frac{L_i^T}{L^T} = \sum_{i=1}^{n} LP_i^T S_i^T \quad (式6-1)$$

$$LP^0 = \frac{Y^0}{L^0} = \sum_{i=1}^{n} \frac{Y_i^0}{L_i^0} \cdot \frac{L_i^0}{L^0} = \sum_{i=1}^{n} LP_i^0 S_i^0 \quad (式6-2)$$

那么,偏离-份额分析法的理论模型[5](经济总体劳动生产率增长)可以表达为:

---

[1] Fabricant, S., "Employment in Manufacturing 1899—1939," *NBER Working Paper* (1942).

[2] Fagerberg, J., "Technological Progress, Structure Change and Productivity Growth: A Comparative Study," *Structural Change and Economic Dynamics* 11 (2000): 393—411.

[3] Timmer, M. and Szirmai, A., "Productivity Growth in Asian Manufacturing: The Structural Bonus Hypothesis Examined," *Structural Change and Economic Dynanmics* (2000): 371—392.

[4] Peneder, M., "Structural Change and Aggregate Growth," *WIFO Working Paper*, No. 182 (2002).

[5] 推导过程为:

由式 6-1 可得,T 和 0 时期的劳动生产率差值为:$LP^T - LP^0 = \sum_{i=1}^{n} LP_i^T S_i^T - \sum_{i=1}^{n} LP_i^0 S_i^0$

那么,$(LP_i^T S_i^T - LP_i^0 S_i^0)$ 可以继续分解为:

$LP_i^T S_i^T - LP_i^0 S_i^0 = LP_i^0 S_i^T - LP_i^0 S_i^0 + LP_i^T S_i^T - LP_i^0 S_i^T - LP_i^T S_i^0 + LP_i^0 S_i^0 - LP_i^0 S_i^0 = LP_i^0 (S_i^T - S_i^0) + (LP_i^T - LP_i^0)(S_i^T - S_i^0) + (LP_i^T - LP_i^0) S_i^0$

将此结果代入式 6-3 中即可得到式 6-2。

$$G(LP) = \frac{LP^T - LP^0}{LP^0} = \frac{\sum_{i=1}^{n}\left(\frac{Y_i^T}{L_i^T} - \frac{Y_i^0}{L_i^0}\right)}{LP^0} = \frac{\sum_{i=1}^{n}(S_i^T - S_i^0)LP_i^0}{LP^0} +$$

$$\frac{\sum_{i=1}^{n}(S_i^T - S_i^0)(LP_i^T - LP_i^0)}{LP^0} + \frac{\sum_{i=1}^{n}(LP_i^T - LP_i^0)S_i^0}{LP^0} \quad (式6-3)$$

$G(LP)$ 为整体劳动生产率增长率，$Y_i$ 为 GDP 或 GVA，$L_i$ 为 $i$ 产业劳动力就业水平，$S_i$ 是 $i$ 产业劳动就业所占份额（$= \frac{L_i}{L_T}$）。

式6-3中，劳动生产率增长可以分解成三部分，即"＝"的三项依次分别为：静态转移效应、动态转移效应和内部增长效应。

首先，静态转移效应。静态转移效应反映了在要素生产率水平不变（即静态）条件下，要素从生产率水平低的产业向生产率高的产业转移时所引起的要素生产率的增长效应，即由产业结构变动所带来的生产率的变动。如果具有高生产率的行业吸收了更高的劳动力资源，且增加了其就业份额，那么判断其"结构红利假说"带来的是正的结构效应，即 $\sum_{i=1}^{n}(S_i^T - S_i^0)LP_i^0 > 0$，否则为"负结构红利"。

其次，动态结构效应。动态结构效应是生产要素向具有高增长率的产业转移过程中产生的增长效应，是产业结构变化和生产率变化（即动态）共同作用的结果。如果劳动生产率与就业份额同时增长，那么会对总的生产率增长产生正结构效应，反之，产生负结构效应。共同作用结果越强，生产要素流动性也会越强。但如果劳动生产率快速增长过程中没有带动就业份额的增加，那么将会产生极强的负结构效应，且更多具有高生产率的企业会面临就业份额的下降，正如鲍莫尔"成本病"模型表明的，进步部门生产率水平的提高同时提高了低生产率部门的生产成本，同时带动了劳动力等生产要素向低生产率部门的转移。从公式上体现即为：$\sum_{i=1}^{n}(S_i^T - S_i^0)(LP_i^T - LP_i^0) > 0$。

最后，产业内部增长效应。在不存在结构变动情况下，各产业自身的劳动生产率增长会对总生产率增长产生影响。一般来说，要素流动转移有利于促进社会分工，社会分工又有利于技术进步，而新古典经济增长理论已经证实，技术进步是经济增长的重要源泉，所以，内部增长效应是促进生产率增长的重要部分，即：$\sum_{i=1}^{n}(LP_i^T - LP_i^0)S_i^0 > 0$。

## 二、英国产业结构变动的增长率效应

生产要素在产业部门之间的流动导致了产业结构的变化，而要素构成的变化是产业结构演进的基础，也是"结构红利假说"的前提。对于产业结构变动对生产率增长的影响，本书主要研究劳动力这一要素对生产率增长的影响，而资本要素将在尼古拉斯·奥尔顿（Nicholas Oulton）和西尔艾札·斯里尼瓦桑（Sylaja Srinivasan）[①] 研究的基础上进行进一步分析。

### （一）劳动力要素结构变化和产业结构演进

对于劳动生产要素的结构变化，主要体现在就业结构变化和三次产业的结构变化方面。鉴于已有的研究和数据的局限性，本书在已有研究的基础上，选取了1990—2015年的各产业总附加值数据（不变价格）、就业人数数据，分为1990—2000年、2000—2008年、2008—2015年三个阶段进行分析。

图6-6和图6-7分别展示了英国1990—2015年三次产业的产值结构和就业结构的总体变化趋势。图6-6可以清晰地看出英国1990—2015年农业、工业和服务业三大产业产值占比情况。如图所示，农业GVA占比基本保持稳定，其下降幅度极小，从1990年的1.05%降为2015年的0.79%。工业在15年间仍旧有较大幅度的下降，1990年工业附加值占总附加值比重为29.17%，而2015年为18.6%，下降近11个百分点。其下降幅度之大，与英国在20世纪80年代撒切尔政府实施的新自由主义政策具有密不可分的联系，也与英国面对的激烈竞争环境密切相关。相比之下，英国服务业得到了迅速发展，在15年间，其附加值占比提高10个百

---

① Nicholas Oulton and Sylaja Srinivasan, "Productivity Growth in UK Industries, 1970—2000: Structural Change and The Role of ICT," Bank of England Working Paper (2005).

分点。对英国而言,产业结构高度服务化是英国经济主要的发展模式。

图 6-7 是英国 1990—2015 年三次产业就业情况。相比其附加值比重,农业、工业和服务业各产业的就业结构变动更为明显,结构变动幅度更大。其中,工业就业占比从 1990 年的 25.84% 下降到 2015 年的 14.12%,下降超过 11.7 个百分点,而服务业就业上升了近 12 个百分点。从农业、工业和服务业三次产业的附加值和就业比重变动情况看,英国第二产业在 20 世纪 90 年代后一直呈现出下降趋势,而服务业则在优势产业的主导和政府政策的强力扶持下不断呈现稳定上升趋势。

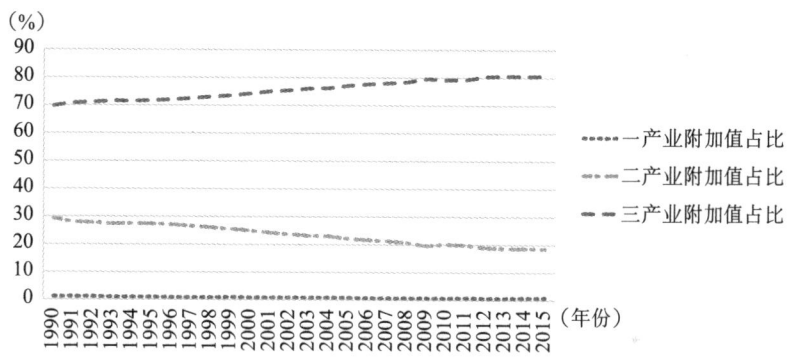

**图 6-6　英国 1990—2015 年三次产业产值占比情况**

数据来源:世界银行,本币不变价格计算。

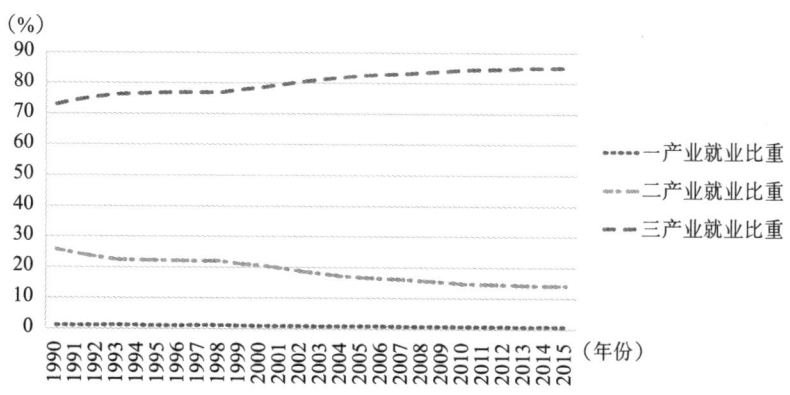

**图 6-7　英国 1990—2015 年三次产业就业情况**

数据来源:基本数据来源于英国统计局,其余为笔者计算所得。

为体现劳动生产要素的结构变动以及所带来的产业结构变化的阶段特征，表6-6列出了英国1990—2015年重要年份的产出、就业构成数据以及各时间段的平均结构变动度。从表6-6中可以看出，就劳动力结构变动而言，英国劳动力主要从第二产业工业不断向第三产业服务业转移，而第一产业就业变动几乎可以忽略不计。三次产业的产值变动也极为类似。由此可以看出，英国目前的要素流动主要在第二产业和第三产业之间。从表中数据看，1990—2010年、2000—2008年这两个阶段英国劳动要素的流动较为快速，第二产业就业分别降低5个百分点，服务业就业分别提升近5个百分点，而2008—2015年就业波动较小。说明在1990—2008年，英国处于知识经济时代，在产业结构的进一步演进中，劳动生产要素也快速向服务业迈进。

从英国产业产值和就业结构变化而产生的平均结构变动度看，1990—2000年和2000—2008年两个阶段呈现不断增大趋势，而金融危机后，结构变动度趋向平稳。从三次产业的产值和就业结构变动度看，第一产业和第二产业一直存在负向变动，仅有第三产业不断向正向变动，说明要素不断从一、二产业流向第三产业服务业。同时，在此期间，伴随着信息科技革命的爆发、信息技术在全球的广泛应用及经济全球化的普及，英国要素流向第三产业速度加快。相较之下，金融危机后，以金融服务业发展为主导的经济发展模式脆弱性不断显现且不断受到质疑，要素流向第三产业的速度开始减缓，同时，其结构变动度也大幅降低。由此可见，英国三次产业的结构变动在今后的发展中或许会有进一步的调整变动。

表6-6 英国三次产业结构与就业结构变化情况

| | 时间或时间段 | 产值（%） | | | | 就业（%） | | | |
|---|---|---|---|---|---|---|---|---|---|
| | | 总体 | 一产业 | 二产业 | 三产业 | 总体 | 一产业 | 二产业 | 三产业 |
| 结构构成 | 1990 | 100 | 1.05 | 29.17 | 69.78 | 100 | 1.15 | 25.84 | 73.02 |
| | 2000 | 100 | 0.88 | 24.94 | 74.18 | 100 | 0.93 | 20.51 | 78.55 |
| | 2008 | 100 | 0.76 | 20.82 | 78.42 | 100 | 0.82 | 15.59 | 83.60 |
| | 2015 | 100 | 0.79 | 18.60 | 80.60 | 100 | 0.70 | 14.12 | 85.18 |

续表

| | 时间或时间段 | 产值（%） | | | | 就业（%） | | | |
|---|---|---|---|---|---|---|---|---|---|
| | | 总体 | 一产业 | 二产业 | 三产业 | 总体 | 一产业 | 二产业 | 三产业 |
| 平均结构变动度 | 1990—2000 | 0.882 | -0.017 | -0.424 | 0.441 | 1.107 | -0.022 | -0.532 | 0.553 |
| | 2000—2008 | 1.059 | -0.015 | -0.515 | 0.529 | 1.259 | -0.014 | -0.615 | 0.630 |
| | 2008—2015 | 0.632 | 0.004 | -0.316 | 0.312 | 0.454 | -0.016 | -0.211 | 0.227 |
| | 1990—2015 | 0.866 | -0.010 | -0.423 | 0.433 | 0.973 | -0.018 | -0.469 | 0.486 |

注：产业 $i$ 产值占比 = 产业 $i$ 附加值/总附加值，产业 $i$ 就业比重 = 产业 $i$ 就业人数/总就业人数；产业 $i$ 平均结构变动度 = $(S_{it} - S_{i0})/t$，总体结构变动度 = $\sum_{i=1}^{3}|S_{it} - S_{i0}|/t$。其中，$s$ 表示各产业的产值构成和就业构成，$S_{it}$ 表示第 $i$ 产业阶段末的产业要素构成，$S_{i0}$ 则是第 $i$ 产业阶段初期的产业构成，$i = 1, 2, 3$。

数据来源：根据世界银行基本数据计算所得。

（二）生产率水平及其增长率

依据彭德（2002）所指出的，各产业的生产率水平及增长率的差异致使生产要素在各部门之间进行转移流动，而由此带来的结构效应是"结构红利假说"成立的基础前提。

1. 三次产业生产率水平

图 6-8 阐述的是英国 1990—2015 年三次产业劳动生产率的变化情况。从三产业整体劳动生产率的发展趋势看，农业、工业和服务业的整体生产率呈不断上升趋势，这是英国产业结构在演进调整过程中不断向高级化方向发展的表现，也是民众生活水平得以提升的根本前提保证。从三产业各自生产率增长趋势看，第二产业即工业的生产率水平最高，其次是第一产业农业，而第三产业服务业的生产率水平最低。首先，第一产业是劳动生产率增长最快的产业。1990—2015 年，英国农业生产率水平提高了近 71.6%，也是三产业中生产率提升幅度最大的产业。从农业生产率增长趋势看，其生产率增长波幅较大，这与英国农业的进出口情况和农业政策的实施具有密不可分的联系。其次，第二产业是生产率水平最高的产业。在英国经济发展的 15 年间，英国工业劳动生产率水平增长了 62%，第二产业不仅一直是生产率最高的产业，而且是发展潜力最大的产业。从生产率

增长趋势看，第二产业与第三产业未来的生产率差距会有进一步拉大的可能性。因为伴随金融危机的爆发，国家经济增长的重点开始向工业和制造业转移，产业政策和宏观经济政策的扶持会进一步加大本国中高端技术制造业的增长潜力。最后，第三产业服务业呈稳定增长趋势。数据显示，服务业是三产业中劳动生产率最低的产业。当然，这与服务业就业比重大有着紧密联系，但更重要的是其本身的人均产出能力就相对较低。

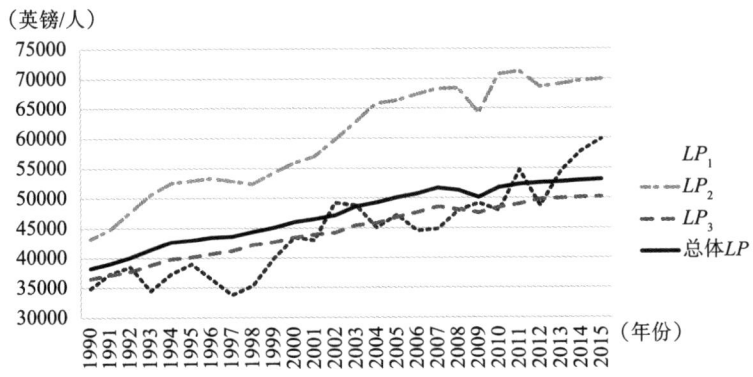

图 6-8　英国 1990—2015 年三次产业劳动生产率变化

注：$LP_i$ 代表 $i$ 产业的劳动生产率。本书中劳动生产率是各产业总附加值与各产业就业人数比值计算所得。

数据来源：根据世界银行数据和英国统计局基本数据计算所得。

值得指出的是，具有高生产率的第二产业的就业率远远低于低生产率的服务业，且其吸引就业的能力十分有限。在第二产业中存在这种现象的主要原因在于：第一，"鲍莫尔成本病"的存在抑制了劳动力向工业和制造业的转移；第二，劳动力长久以来对工业制造业的就业存在越来越严重的偏差；第三，生活水平的提高增强了民众对生活和工作等方面的要求，在选取就业方面亦是如此。

2. 三次产业生产率增长率

表 6-7 阐释了英国重要年份的劳动生产率水平和各个阶段的生产率增长率情况。1990 年，英国农业、工业和服务业三产业的劳动生产率水平分别为 34870.95 英镑/人、43170.88 英镑/人和 36535.01 英镑/人；2015 年，

三产业的生产率水平分别达到 59836.04 英镑/人、69882.89 英镑/人和 50186.78 英镑/人，都呈现不断上升趋势。从三产业的三阶段生产率增长率看，第一产业和第二产业的生产率增长率要高出第三产业许多。但除第一产业外，第二产业和第三产业的生产率均呈下降趋势。

表 6-7　英国 1990—2015 年的劳动生产率水平及增长率

| | 时间或时间段 | 总体 | 一产业 | 二产业 | 三产业 |
| --- | --- | --- | --- | --- | --- |
| 生产率水平（英镑/人） | 1990 | 38232.88 | 34870.95 | 43170.88 | 36535.01 |
| | 2000 | 45979.39 | 43406.97 | 55896.74 | 43421.99 |
| | 2008 | 51247.01 | 47888.96 | 68415.25 | 48073.41 |
| | 2015 | 53038.78 | 59836.04 | 69882.89 | 50186.78 |
| 生产率增长率（%） | 1990—2000 | 2.026 | 2.448 | 2.948 | 1.885 |
| | 2000—2008 | 1.432 | 1.291 | 2.799 | 1.339 |
| | 2008—2015 | 0.499 | 3.564 | 0.306 | 0.628 |
| | 1990—2015 | 1.549 | 2.864 | 2.475 | 1.495 |

注：产业 $i$ 生产率水平为产业 $i$ 附加值（不变价格）与产业 $i$ 就业人数之比，单位为英镑/人；生产率增长率 $=(LP_{it}-LP_{i0})/t \cdot LP_{i0}$，$LP$ 为 $i$ 产业的劳动生产率水平，$t$ 为终期，0 为基期。

数据来源：根据世界银行和英国统计局基本数据计算所得。

（三）英国产业结构变化的增长率效应

根据偏离-份额分析法，本书将英国 1990—2015 年由产业结构变动引起的劳动生产率增长效应分解为结构效应和内部增长效应，具体如表 6-8 所示。

表 6-8　劳动生产率变化增长效应分解

| 时间段 | 总增长率（%） | 结构效应和内部增长对增长率的贡献（%） | | | | | | |
| --- | --- | --- | --- | --- | --- | --- | --- | --- |
| | | 结构效应 | | | 内部增长效应 | | | |
| | | 总结构效应 | 静态转移效应 | 动态转移效应 | 总内部增长效应 | 一产 | 二产 | 三产 |
| 1990—2000 | 20.3 | -1.748 | -0.924 | -0.824 | 22.06 | 0.26 | 8.6 | 13.2 |
| 2000—2008 | 11.5 | -2.17 | -1.33 | -0.84 | 14.45 | 0.91 | 5.59 | 7.95 |
| 2008—2015 | 3.5 | -0.8 | -0.58 | -0.22 | 4.09 | 0.19 | 0.45 | 3.45 |

续表

| 时间段 | 总增长率（%） | 结构效应和内部增长对增长率的贡献（%） | | | | | | |
|---|---|---|---|---|---|---|---|---|
| | | 结构效应 | | | 内部增长效应 | | | |
| | | 总结构效应 | 静态转移效应 | 动态转移效应 | 总内部增长效应 | 一产 | 二产 | 三产 |
| 1990—2015 | 38.7 | -6.15 | -2.02 | -4.13 | 44.88 | 0.75 | 18.05 | 26.07 |

注：结构分解过程中采用的产值数据为英国不变价格下的产业附加值（GVA），就业数据采用的是英国各产业下的劳动就业人数。

数据来源：基本数据来源于世界银行和英国统计局，表中数据为作者依据偏离－份额分析法理论模型推出。

从总体上看，英国劳动生产率增长主要来自第二产业和第三产业的内部生产率增长，尤其是第三产业的内部生产率增长，其贡献率达26.07%，其次是第二产业的内部生产率增长，贡献率为18.05%。针对英国产业结构变动引起的劳动生产要素的转移而带来的生产率增长的结构效应，从表中数据可以看出，劳动要素在产业间的流动转移并没有促进英国生产率的增长，也就是说，劳动要素在产业间的流动并没有带来"结构红利"，反而是"结构负利"。总体上看，英国劳动生产率的增长主要来自产业内部的增长效应。

但不论是结构效应还是内部增长效应，是对生产率增长提供"贡献"还是存在"结构负利"，都是存在差异的。就内部增长效应而言，服务业对内部增长效应的贡献率为26.07%，贡献率最高。但从各阶段的增长贡献值看，英国服务业所带动的内部增长在不断降低，其带动经济增长的动力和内在可挖掘的潜力在不断下降，同时也说明英国产业间和产业内结构正在进行不断调整和升级。就第二产业的内部增长效应而言，也呈现出不断下降趋势，这与工业和制造业在经济中的地位逐步弱化和在发展中不被重视有着极其密切的联系。尤其在2008—2015年，即金融危机后，工业对生产率的内部增长效应仅为0.45，说明工业和制造业对促进经济增长的动力不足。就结构变动带来的结构效应而言，其静态转移效应和动态转移效应都为负值，说明劳动要素在产业间的流动转移并没有为经济带来正的

"结构红利",而是"结构负利"。究其原因,主要存在两个方面。第一,英国经济"服务化"的同时也导致了生产要素的"服务化"。伴随着英国金融业、保险业等服务业的快速发展,英国的生产要素不断向服务业转移,包括人力、资本、技术等,导致一、二产业的经济发展规模和就业不断下降。第二,产业结构演进到一定阶段,如英国的高度服务化,劳动力生产要素在产业间和产业内所能发挥的作用将更加有限,或者说会逐步减弱,而技术、资本所能发挥的作用会更加明显。

### 三、小结

本节基于"结构红利假说",通过偏离–份额分析法分析了产业结构变动与生产率增长和经济增长的关系。通过分析1990—2000年、2000—2008年和2008—2015年这三个阶段的产业结构变化和劳动力生产要素的流动转移及其生产率水平和增长率的差异,进而分析了产业结构变动调整所产生的生产率增长效应。本节主要得出以下三个结论。

第一,英国现阶段的生产率增长主要源于产业的内部增长效应。

英国劳动生产率的增长效应主要由第二产业和第三产业的内部增长效应带动,即由各产业的结构内部变动所引起的生产率增长和经济增长。也就是说,英国生产率增长和经济增长主要受到技术进步的推动,是产业转型升级带动经济增长的结果。技术进步是经济增长的源泉,而产业内部增长效应是促进生产率增长和经济增长的重要部分。

第二,第二产业和第三产业为生产率增长所带来的内部增长效应仍存在明显差异。从各产业所带动的内部增长效应来看,英国服务业仍是推动生产率增长和经济增长的主要动力来源。第三产业不仅仍具有极强的吸引就业的能力,而且是聚集生产要素、资源禀赋最主要的领域。相对来说,第二产业的内部增长效应相对较弱,是英国目前经济发展的薄弱产业。

第三,"结构红利"在现阶段英国的经济发展中已经消失。英国产业结构变动过程中所产生的静态转移效应和动态转移效应均为负效应。也就是说,劳动力生产要素在产业间的转移在现阶段已不能为本国经济带来

"结构红利",而是"结构负利",劳动力生产要素的"结构红利"在英国已逐步消失。

在英国产业结构变动调整对本国经济增长的贡献中,通过实现劳动力资源禀赋在产业间的流动来提高本国生产率水平并促进经济增长的可能性已微乎其微,而这种产业结构的调整方式对英国经济起效不大。然而,资本要素对英国经济的增长仍十分明显。

尼古拉斯·奥尔顿等①以ICT行业②为例,通过偏离-份额分析法分析了资本和投资要素在产业结构改变和促进本国生产率增长中的重要作用。针对英国的生产率增长,虽然自20世纪90年代开始出现大幅度提升,但在1995年后增长率不断放缓,甚至下降。相比之下,美国在此阶段的生产率一直呈现不断上升趋势。两国生产率增长产生差距的一个重要原因在于资本和投资方面。尼古拉斯·奥尔顿通过分析1990—2000年的ICT行业来进一步解释英国的生产率增长。通过研究表明,1970—1979年,在市场部门中,ICT行业资本贡献了英国生产率增长的13%,1979—1990年贡献了26%,1990—2000年贡献了28%。值得指出的是,1995—2000年,英国ICT行业资本要素贡献了本国生产率增长的47%。然而,1995年后,英国生产率快速恶化而美国生产率快速提升,此现象出现的一个重要因素在于资本要素在英国产业中的投入及有效性不足。

综合而言,对于劳动和资本两个经济发展中的重要生产要素,劳动力生产要素在产业结构调整中,通过产业结构变动而刺激生产率增长和经济增长的潜力已经微乎其微,而资本要素通过产业结构调整和结构变动,进而刺激生产率增长和经济增长的前景却十分明朗,也为未来英国产业结构调整、政策性调整和经济发展指明方向。

---

① Nicholas Oulton and Sylaja Srinivasan, "Productivity Growth in UK Industries, 1970—2000: Structural Change and the Role of ICT," *Bank of England Working Paper* (2005).

② ICT 即 Information and Communication Technology,是信息通信技术。

## 第三节 国际比较

本章节前两节已对英国产业结构调整对经济的宏观影响和内在影响机理进行了详细的研究及阐述。本节将进一步从国际层面进行比较分析，进而阐述英国产业结构调整的绩效表现，主要有三个方面，即国际生产率、国际产业竞争力和国际经贸地位。

阿尔弗雷德·马歇尔在《工业和贸易》一书中曾指出，英国经济发展的主要力量来自于对工业革命的领导，德国发展的动力在于对工业大量现代科学技术的广泛应用，而美国大批量生产到标准化生产的经济发展模式是美国逐渐成为核心大国的关键所在。[①] 而马歇尔对英国、德国、美国经济发展模式的总结恰恰戳中了英国日后经济发展的痛处及被美国、法国、德国等发达国家所赶超的理由。

### 一、国际生产率

一国经济繁荣与否，与生产率水平的高低紧密相连。从长期来看，英国相对于主要发达国家具有相对较弱的生产率表现。[②] 表6-9列出了世界主要国家的劳动生产率水平。根据经合组织和英国统计局统计的生产率数据，可以得出两方面的结论。

第一，整体来看，英国劳动生产率水平一直呈不断上升趋势。产业结构的不断调整演进及技术革命的推动发展使得英国劳动生产率不断提升，经济不断发展。第二，与世界其他主要发达国家相比，英国具有最低的生产率水平。从生产率增长的横向比较看，英国生产率水平较其他主要国家的水平都低。截至2015年，英国劳动生产率指数为100.7，相比之下，其

---

① A. Marshall, *Industry and Trade* (London: Macmillan, 1923).
② Crafts, N., "British Relative Economic Decline Revisited: The Role of Competition," *Explorations in Economic History* 49, No.1 (2012): 17—29. Broadberry, S. and M. O'Mahony, "Britain's Twentieth Century Productivity Performance in International Perspective," *Work & Pay in Century Britain* (2005).

他国家如加拿大、法国、德国、意大利、日本、美国这6国的生产率指数分别为107.1、102、105.5、98.5、105.7和108.6，英国较日本低7.9，比加拿大低6.4，而仅比意大利高出2.2。从生产率增长的纵向比较看，英国生产率水平与其他主要发达国家的差距正在逐渐拉大。生产率水平是拉开国家间经济差距的重要因素。研究指出，美国的生产力水平于20世纪50年代超越英国，取而代之成为生产力头号大国，而德国和法国自20世纪70年代生产率相继超越英国。[1] 但随着英国经济结构调整步伐的加快，英国经济自20世纪90年代中期开始迈入加速增长阶段，相应地，其生产率水平与其他发达国家间的差距也相对缩小，差距保持在4%以下，[2] 但金融危机后，生产率差距又开始逐渐拉大。具体详细数据参见表6-9。

表6-9　　　　　　　　　劳动生产率国际比较

单位：GDP/每小时（不变价格，2007=100）

| 国家<br>年份 | 加拿大 | 法国 | 德国 | 意大利 | 日本 | 英国 | 美国 | G7 | G7<br>（除英国） |
|---|---|---|---|---|---|---|---|---|---|
| 1990 | 78.7 | 72.2 |  | 80.4 | 73.3 | 67.4 | 72.3 |  |  |
| 1991 | 79.3 | 73.4 | 73.1 | 81.3 | 75.5 | 68.8 | 73.4 | 73.4 | 73.8 |
| 1992 | 81 | 74.8 | 75 | 82.4 | 76.6 | 72 | 75.5 | 75.3 | 75.5 |
| 1993 | 82.9 | 76.1 | 76.3 | 86 | 79 | 75.1 | 76.1 | 76.9 | 77 |
| 1994 | 84.4 | 78.3 | 79 | 89.6 | 79.9 | 77.1 | 77.1 | 78.5 | 78.5 |
| 1995 | 85.3 | 80.6 | 80.8 | 92.7 | 82 | 78.3 | 77.8 | 79.9 | 80 |
| 1996 | 85.2 | 81.4 | 82.7 | 92.9 | 83.4 | 79.6 | 80.1 | 81.5 | 81.6 |
| 1997 | 87.2 | 83.5 | 85.2 | 94.4 | 85.1 | 80.8 | 81.4 | 83.1 | 83.3 |
| 1998 | 88.6 | 85.8 | 86 | 94.3 | 85 | 82.8 | 83.8 | 84.8 | 85 |
| 1999 | 91 | 87.7 | 88.9 | 94.8 | 87 | 85.1 | 86.4 | 87.3 | 87.4 |

[1] Crafts, N., "British Relative Economic Decline Revisited: The Role of Competition," Explorations in Economic History 49, No. 1 (2012): 17—29. Broadberry, S. and M. O'Mahony, "Britain's Twentieth Century Productivity Performance in International Perspective," Work & Pay in Century Britain (2005).

[2] "UK Skills and Productivity in an International Context," BIS, Dec. 17, 2015, https://www.gov.uk/government/publications/uk–skills–and–productivity–in–an–international–context.

续表

| 国家\年份 | 加拿大 | 法国 | 德国 | 意大利 | 日本 | 英国 | 美国 | G7 | G7（除英国） |
|---|---|---|---|---|---|---|---|---|---|
| 2000 | 93.5 | 91 | 92.8 | 97.7 | 88.6 | 87.9 | 88.2 | 89.6 | 89.7 |
| 2001 | 94.5 | 91.7 | 94.7 | 98.2 | 90 | 89.2 | 90.1 | 91.2 | 91.3 |
| 2002 | 96 | 94.4 | 96.3 | 97.8 | 92 | 92 | 92.2 | 93.1 | 93.2 |
| 2003 | 96.2 | 95.3 | 97.1 | 97.6 | 93.7 | 93.7 | 94.5 | 94.7 | 94.8 |
| 2004 | 96.4 | 95.9 | 98.4 | 98.1 | 96.4 | 95.3 | 96.9 | 96.7 | 96.8 |
| 2005 | 99 | 97.2 | 98.5 | 99 | 97.8 | 97 | 98.5 | 98.2 | 98.3 |
| 2006 | 100 | 100.1 | 98.9 | 99.4 | 98.5 | 98.7 | 99.2 | 99.1 | 99.2 |
| 2007 | 100 | 100 | 100 | 100 | 100 | 100 | 100 | 100 | 100 |
| 2008 | 99.9 | 99.3 | 100.1 | 98.7 | 100 | 99.1 | 100.5 | 100.1 | 100.2 |
| 2009 | 100.6 | 98.7 | 97.8 | 96.6 | 99.1 | 97.4 | 102.9 | 100.5 | 100.8 |
| 2010 | 102.1 | 100.1 | 99.8 | 98.9 | 102.9 | 98.9 | 105.5 | 103 | 103.3 |
| 2011 | 103.9 | 101.3 | 103.1 | 99.4 | 102.9 | 100.5 | 106.1 | 104 | 104.3 |
| 2012 | 103.6 | 101.6 | 104.1 | 98.7 | 104 | 99.9 | 106.2 | 104.3 | 104.7 |
| 2013 | 104.8 | 103.1 | 104.5 | 99.6 | 105.3 | 100.1 | 107.1 | 105.5 | 105.7 |
| 2014 | 107 | 101.4 | 104.9 | 98.9 | 105 | 100 | 107.7 | 105.5 | 106 |
| 2015 | 107.1 | 102 | 105.5 | 98.5 | 105.7 | 100.7 | 108.6 | 106.3 | 106.8 |

数据来源：经合组织和英国统计局。

## 二、国际产业竞争力

自 20 世纪 70 年代以来，英国加速了本国的"去工业化"进程，但这一进程也大大影响了英国在国际市场中的产业竞争力，主要表现在制造业占 GDP 比重、制造业在国际社会中进出口份额占比及现有的国际优势竞争产业等方面。

首先，英国制造业产出占 GDP 比重在主要的发达国家中是下降最快且最低的。根据联合国工业发展组织（UNIDO）提供的对主要发达国家制造业占 GDP 比重的数据看出，在比较的 10 个主要国家中，没有任何一国的制造业份额下降如此快速（具体详见图 6 - 9）。截至 2010 年，英国制造业份额占比仅为 12%，而根据世界银行统计的数据，截至 2015 年，英国制造业份额占比已下降至10.2%。相比之下,中国、韩国的制造业份额一直处于不断上升态势,而其余国家如芬兰、新加坡、日本、德国和巴西,这些国家的制造业份额在经历了一段时间的下降后,尤其在金融危机后又呈现出快速提升趋势。然而,仅有英国的制造业份额呈现出"坚定不移"地下滑趋势。

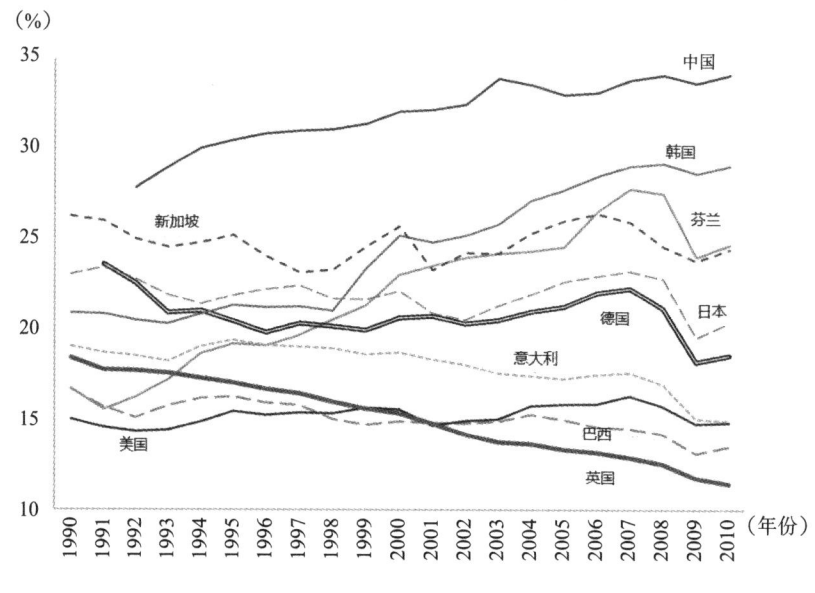

图6-9 1990—2010年各国制造业占GDP比重

资料来源:Government Office for Science, "International Industrial Policy Experiences and the Lessons for the UK"(October, 2013):p.7,具体数据来源于联合国工业发展组织(UNIDO)。

其次,英国制造业国际市场地位的下滑。表6-10具体阐释了1990—2010年世界各国制造业相关指标的年变化率,相关指标包括:人均制造业附加值比重、制造业附加值占GDP比重、中高技术制造业附加值占GDP比重、制造业附加值占世界份额、人均制造业出口比重、人均制造业出口占总出口份额、中高技术制造业出口占总制造业出口比重、制造业出口占世界制造业贸易比重等相关指标。从表中数据看,在参与比较的10个国家和8项制造业指标中,除去中高技术制造业附加值占比、中高技术制造业出口占比与人均制造业出口占比不是其中最低的国家以外,其余5个制造业指标均为最低。英国人均制造业附加值年变化率为 -0.8%，而中国的年人均制造业附加值变化率却高达 10.7%，其次为韩国的 6.2%，新加坡为 3.8% 等。就制造业附加值占 GDP 比重的变化率而言，英国年变化率为 -2.4%，低于芬兰 4.4 个百分点，低于韩国 4.1 个百分点，而低于中国 3.5 个百分点。其制造业附加值占 GDP 比重不仅很低，且其变化率是十国中最低的。而就制造业附加值占世界份额年变化率看，英国 MVA 占世界份额年变化率为 -2.9%，正以最快速度削弱了其在国际市场中的占有份额。同样地，其人均制造业出口和占世界制造业贸易份额年变化率都是各国中最低的。从英国制造业各个指标总体占比与下降幅度可以充分看出，英国工业特别是制造业在国际市场中的地位正处于不断下降态势。

表 6-10　　1990—2010 年世界各国制造业相关指标年变化率　　单位：%

| 类目<br>国家 | 人均制造业附加值比重 | 制造业附加值占 GDP 比重 | 中高技术制造业附加值占 GDP 比重 | 制造业附加值占世界份额 | 人均制造业出口比重 | 人均制造业出口占总出口份额 | 中高技术制造业出口占总制造业出口比重 | 制造业出口占世界制造业贸易比重 |
|---|---|---|---|---|---|---|---|---|
| 巴西 | 0.5 | -1.1 | -1.7 | -0.6 | 7.5 | -0.5 | -0.2 | 1.2 |
| 中国 | 10.7 | 1.1 | 0.2 | 8.5 | 17.6 | 0.8 | 4.3 | 10 |
| 芬兰 | 3.6 | 2 | 1.5 | 1.4 | 4.4 | -0.2 | 0.8 | -2.8 |
| 德国 | -0.1 | -1.3 | 0.9 | -2.6 | 5.8 | -0.3 | 0.3 | -1.9 |
| 意大利 | -0.5 | -1.2 | -0.4 | -2.8 | 4.6 | -0.1 | 0.4 | -2.7 |
| 日本 | 0.2 | -0.6 | 0.3 | -2.2 | 4.6 | -0.3 | -0.2 | -2.8 |
| 韩国 | 6.2 | 1.7 | 1.3 | 4.2 | 9.7 | 0.1 | 2 | 2.4 |
| 新加坡 | 3.8 | -0.4 | 0.6 | 3.3 | 6.2 | -0.2 | 0.5 | 0.6 |
| 美国 | 1.4 | -0.1 | -0.3 | 4.2 | | -0.6 | | -2.3 |
| 英国 | -0.8 | -2.4 | -0.3 | -2.9 | 3.3 | -0.3 | -0.2 | -3.8 |

资料来源：Government Office for Science, "International Industrial Policy Experiences and the Lessons for the UK"（October, 2013）: p. 7. 表中数据为作者依据 2013 年的联合国工业发展组织数据库中数据计算所得。

最后，英国优势竞争力仍有强化的潜力。也就是说，英国产业竞争力较世界其他国家相比不会一直呈下滑趋势。尤其在金融危机后，英国推行的新一轮产业结构调整正在发挥作用。英国的竞争优势潜力主要存在四个方面：第一，英国 ICT 产业发展潜力大。制造业与 ICT 数字技术的充分结合是英国未来发展中提升生产率、占据国际市场份额的关键所在。据统计，英国 2011 年的 ICT 部门增加值占 GDP 比重为 5.7%，在经合组织国家居第四位，这对英国未来的发展具有十分重要的推动意义。第二，英国创新能力强。在 2016 年的《全球竞争力指数》排名中，英国的创新指数排第三位，是仅次于瑞士和瑞典的第三大国际创新国家。① 而 2014—2015 年的《全球竞争力报告》② 指出，英国的经济增长主要源于创新因素的驱动。在全球经济增长中，创新尤其是技术创新是带动经济增长的主要推动力。第三，"新工业革命"给制造业发展带来新的增长点。伴随"工业革命 4.0"时代的到来，生产环境及居民的消费方式等将会发生重大改变，新产品、新工艺及新的消费模式将是未来全球经济发展的主要特点。对于英国而言，第四次工业革命将是英国经济获得"重生"的起点，英国发达的 ICT 技术、成熟的商业市场及组织创新与生产网络的充分结合将给未来的英国经济发展带来机遇和极大发展空间。第四，英国具有良好的营商环境。优良的营商环境是提升生产力和吸引外资的重要保障。在商业调查中，英国被认为是全球商业最为友好的国家之一。③ 世界银行数据显示，英国 2016 年的全球营商环境排名第 6 位，较 2015 年和 2014 年分别提升 2 位和 4 位。可以看出，英国为促进经济增长，不断改善本国营商环境及提升本国竞争力。英国优良的营商环境会给英国经济发展注入持久动力。

## 第四节　结论

本章对第二次世界大战后英国产业结构调整的绩效表现分三部分进行

---

① "The Global Innovation Index 2016: Winning with Global Innovation," WIPO (August, 2016).

② "The Global Competitiveness Report 2015—2016," World Economic Forum, Sep. 22, 2015, http://reports.weforum.org/global-competitiveness-report-2015-2016/.

③ World bank, doing Business Database.

了详细阐释，分别为第二次世界大战后英国产业结构变动对经济的宏观表现、产业结构变动对本国劳动生产率增长和经济增长的影响及通过国际比较看英国产业结构调整的表现。通过以上三个层面的产业结构调整绩效分析，主要得出四个方面的结论。

第一，宏观层面上，英国产业结构调整的绩效表现可以从长期和短期两个角度看。长期来看，英国调整后的产业结构不平衡趋势加重，主要表现在三个方面。首先，加速的"去工业化"进程和不断下降的工业与制造业地位。英国的"去工业化"程度是国际社会中最大也是最快的国家，而快速的"去工业化"进程不仅大大削弱了英国工业和制造业在经济发展中的地位，更造成本国产业结构的日趋失衡。其次，商品和服务贸易收支的失衡。产业结构失衡导致的直接后果是商品和制成品出口的极大下降，而制成品进口大幅度提升。虽然英国服务业存在贸易顺差，但不足以弥补因制造业下滑而导致的商品贸易逆差，进而导致英国贸易收支的失衡态势不断加剧。同时，英国贸易收支的失衡在欧盟内部极为明显。最后，产业市场占有率和竞争力不断下降。不论是在欧盟市场中，还是在国际市场中，英国的进出口贸易份额都呈不断下滑趋势，在国际市场中所占份额也不断降低。同时，产业增加值和相关产业部门的就业都经历了戏剧性下滑。

短期看，英国新一轮产业结构的调整效果虽不明显，但呈现出的产业结构的"优化"局面逐渐显现。具体体现在三个方面：首先，金融危机后，英国商品服务贸易逆差在波动中呈现缩小趋势。产业结构的"再平衡"和一系列"再工业化"政策对制造业的发展起到了重要的调节和刺激作用，同时也对英国相关制造业企业产生更多的激励。其次，英国中高端技术制造业发展步伐加快，对英国经济贡献程度增加。从产业发展形势看，在未来的产业结构调整中，英国政府更加倾向于向中高端技术产业和绿色智能低碳产业投入资源禀赋，这在一定程度上对中低端产业是一种挑战，也是一种优胜劣汰。英国未来的产业结构调整方向会更具针对性。最后，英国服务业仍呈现增长趋势，但增速趋缓。虽然服务业仍是英国现在和未来经济发展的核心要素，但未来的结构调整会更加注重要素禀赋的再分配，进而实现优化配置。

第二，从产业结构调整变动对经济增长影响的内在机理看，通过产业结构调整来影响本国经济的主要是各产业的内部增长效应。也就是说，劳动力生产要素在产业间及产业内进行流动转移时，生产率的增长主要由第三产业和第二产业的内部增长效应带动，而产业结构变动所产生的结构效应对英国生产率增长和经济增长影响较小。相比之下，资本生产要素所产生的结构效应和内部增长效应较为明显。从劳动力和资本对生产率增长和经济增长的结构效应看，尤其在金融危机后，伴随着"工业革命4.0"时代的到来，英国在新一轮的产业结构调整中也应相应调整产业政策，做到有针对性和有重点的调整。

第三，从英国产业结构调整所表现出的国际影响看，英国存在三方面的国际性下降和四方面的国际发展潜力。三方面的国际性下降为国际生产率下降、国际经贸地位下降和制造业等产业竞争力下降。而四方面的国际性发展潜力为优势竞争力的潜力，具体包括英国ICT产业的发展潜力、英国极强的创新能力、"新工业革命"时代带动的新增长机遇和发展潜力以及英国良好的营商环境吸引外资及带动生产率增长的潜力。

综合而言，英国在产业结构调整方面有其成功之处，可谓在"摸着石头过河"的过程中实现了许多目标，也汲取到了许多宝贵经验。但相对产业结构的调整成效，英国的产业结构调整仍旧面临着许多困难和挑战。

# 第七章 启示与展望

## 第一节 第二次世界大战后英国产业结构调整的总结与评价

本书关于第二次世界大战后英国产业结构调整的研究是在理论研究与实证研究综合分析下做出的。研究目的不仅是分析第二次世界大战后英国产业结构调整的问题，还是以英国产业结构调整为例，厘清产业结构调整的一般规律和调整过程中面临的问题，以及为政府进行产业结构调整给出合适的政策性建议等。在研究中，主要从理论研究和实证研究两个层面对第二次世界大战后英国产业结构调整的动因、内容及绩效问题进行分析。通过理论研究和实证研究相结合，对第二次世界大战后英国产业结构调整有了一个整体性认识，在此分析基础上对英国产业结构未来调整的方向做出一定的判断，并就未来该如何调整给出合理的政策性建议。

### 一、第二次世界大战后英国产业结构调整的总结及启示

本书在理论研究和实证研究综合分析基础上，对第二次世界大战后英国产业结构调整问题进行整体性把握，具体包括以下五点：

第一，产业结构失衡（或不合理化）是英国进行产业结构调整的基本原因。失衡的产业结构一直是困扰英国产业结构演进和经济发展的一个核心问题，也是英国进行产业结构调整的基本要素。英国产业结构的失衡问题由来已久。自第二次世界大战后，伴随着英国工业大国地位被逐步取代，制造业发展不断被美国、法国及德国等发达工业国家赶超，加之英国

面临的复杂的国际政治经济环境的变动，英国产业结构的不合理化程度不断加深。那么，关于英国产业结构的失衡，主要涉及以下两个问题，即如何判断英国产业结构是否处于失衡状态，以及产业结构失衡的主要原因和具体表现有哪些。首先，对产业结构失衡或者不合理化的判断，大多数的研究都是基于理论层面的判断，如产值比重判别法。如果各产业之间及部门内部之间的比重呈现出非均衡性变化，如某个产业的产值比重过大，而另一项产业的产值比重过小，那么可以初步认为产业结构处于失衡状态。其他理论判断方式还包括资源是否存在合理配置，供给结构与需求结构是否相适应，以及各产业之间的协调关系是否合理稳定等。但这些理论层面的判断标准存在的问题是概念的模糊性和判断的相对不准确性。所以，本书在其理论层面研究的基础将产业结构合理化的判定标准进行了量化，通过处理产出、就业和劳动生产率这些变量，测算出了产业结构合理化的测度指数。通过产业结构合理化测度指数数值的变化，可以清晰地判定英国所处的各个经济发展阶段的产业结构合理化水平如何，进而可以对英国产业结构的合理化具有更加量化的判断。研究表明，伴随着英国产业结构的不断演进和经济的发展，英国产业结构的整体不合理化水平在不断提升。特别地，在金融危机爆发后，所暴露出的英国产业结构的失衡问题极为严重，不仅关乎对不合理化产业结构的"纠偏"问题，更是对当今知识经济时代引领的以金融服务业等主导产业的发展模式的质疑，是关乎产业结构究竟要往何处去的问题和干预型产业政策的强势回归的问题。针对暴露出的一系列问题，我们更加确认英国产业结构的"失衡"问题已十分严重。

其次，本书主要从理论层面和经济表现层面两方面对英国产业结构失衡的具体表现进行分析。从理论层面看，其产业结构失衡主要体现在产业结构的合理化和产业结构的高级化两个方面上。就英国产业结构合理化情况而言，从其合理化测度指数看，英国产业结构合理化水平呈现不断下降趋势，即产业结构失衡不断加重。而就其产业结构高级化整体情况而言，英国产业结构高级化进程不断放缓。伴随产业结构的不断演进，高级化程度有所提升，但尤其在金融危机后，其高级化进程明显偏离预期的增长轨迹，高级化进程的减缓或者可以认为是产业结构转型升级的进程阻力变大。而从经济表现看，本书主要从宏观层面和微观层面着手分析。宏观层面上，产业结构的失衡主要体现在三个方面。一是贸易结构的失衡。贸易逆差是英国贸易结构失衡的主要表现形式，贸易逆差的持续扩大是实体经济结构不断调整的外部反映，而英国服务业占国民经济比重的不断提高是其贸易逆差持续扩大的深层次原因。表现在服务业和制造业的进出口比重上，就是过高的服务业占比挤占了本国制造业的经贸市场，不仅大大增加了对制造业产品的进口，同时也大大削弱了产品的出口能力。二是各产业部门就业的失衡。目前，英国服务业部门就业占比超过85%，而工业就业占比仅有8%左右，制造业就业占比更低。对于英国就业结构的失衡，英国快速的"去工业化"是主要原因。快速"去工业化"导致英国制造业就业出现超预期下降，而结构失衡又导致生产要素不断流向服务业部门，在"恶性循环累积效应"下，制造业吸收劳动力的能力更加下降。三是"生产率之谜"。"生产率之谜"是目前困扰英国、美国、日本等发达国家经济增长的一个难题。尤其在金融危机后，这一现象在各国表现得尤为明显，其主要表现包括两个方面：一方面是生产率增长的绝对放缓。数据显示，对于生产率的增长，无论是在绝对数量上，还是与前几十年比较，都更加缓慢。这一缓慢的生产率增长与不断复苏的各国产出、就业等现象明显相悖，使得国家在进入新的创新阶段过程中，其技术上的创新都不能从根本上提高生产率。另一方面是生产率偏离预期增长轨迹的幅度不断增大。对于英国所出现的"生产率之谜"，学术界虽有多种理论解释，但有一点是相通的，即"生产率之谜"的出现无论是一种固然现象，还是一种暂时现象，其根本原因在于目前世界各国所面临的结构性失调态势，也有学者将这种现象称为"日益疲软的结构性变化"。微观层面上，产业结构的失衡主要通过企业表现进行体现。从产业组织角度看，产业结构的失衡主要表现在大中型骨干企业与中小企业在产业发展规模和发展速度上的失衡态。具体主要体现在三个方面，即企业投融资的不平衡、国家政策等的扶持力度不同及相关产业的调整政策不同。

第二，第二次世界大战后英国产业结构调整的动因主要有三个方面。首先，"世界工厂"地位的丧失和"英帝国"的解体。英国作为工业革命的发源地，最先成为"世界工厂"的老牌资本主义国家。那么，是什么原因导致英国工业的逐渐衰退，又是什么因素导致英国"世界工厂"地位的丧失和"英帝国"的解体？按照诺斯最先提出的"路径依赖"理论，若一国在发展过程中对某一路径产生依赖，那么，无论产生的这一依赖是"好"还是"坏"，其依赖程度都会在以后的发展过程中得到自我加强。也就是说，如果一国遵循良性轨道发展，那么，一国经济发展模式极有可能会得到迅速优化，否则可能会陷入经济发展的无效率状态。研究表明，科技创新、制度创新及产业结构的转型升级是维护一国工业地位的重要前提，而这恰是英国工业由盛及衰的重要因素之一，也是阻碍英国产业结构转型升级的核心要素。陈旧的生产部门、墨守成规的技术、落后的经营管理模式及不断僵化的体制令科技创新和制度创新等难以为继，自然成为产业结构转型升级的障碍。在这些因素的作用下，英国"世界工厂"地位逐步丧失。同时，"世界工厂"地位的丧失也加速了"英帝国"的解体进程。其次，欧共体/欧盟对英国产业结构和贸易结构的冲击。欧共体/欧盟是英国产业结构调整过程中的重要影响因子。无论欧共体/欧盟在英国产业结构的演进及变动调整中充当怎样的角色，是主因还是辅因，都不能否认其对英国产业结构及经贸结构带来的影响冲击。通过研究发现，英国在加入欧共体/欧盟期间，贸易结构和产业结构均发生了变化。贸易结构的变化主要体现在经贸市场的变化上，这也是本书通过研究旨在重点突出的问题。通过研究英国自第二次世界大战后经贸市场的变化，可以清晰地看出英国"脱欧"后其经贸市场的状况。第一次主要的变化是从第二次世界大战后到加入欧共体前，主要经贸市场为"帝国特惠制"的关税联盟贸易区及传统贸易市场。这一经贸市场的主要输出对象为英联邦发展较为落后的国家，输出产品也主要为中低端制造业产品。值得指出的是，英国此时面临的经贸市场压力较小，其"帝国特惠制"关税联盟贸易区在无形之中为英国在国际中的经贸发展提供了"保护层"。第二次经贸市场的变化在于，加入欧共体后英国经贸市场由英联邦国家向欧洲市场的转移。为寻求经贸市场进一步发展的机会，英国将经济发展的注意力逐渐转移到欧共体和欧盟，份额占到60%以上，其发展呈现出的主要特点为自由竞争规则和激烈的国际竞争驱使英国将大部分注意力投入服务业方面，导致本国制造业竞争优势逐步丧失，制造业在国际的地位逐步降低。而英国正在经历的或即将经历的第三次经贸市场的变化是英国退出欧洲单一市场。与之前比较，英国第三次正在经历的经贸市场变化的主要特点有三点，即经贸市场更加趋于缩小、贸易成本趋于上升、激烈的国际竞争环境导致英国产业发展过度集聚。最后快速的"去工业化"造成英国产业结构严重失衡。伴随着产业结构的不断演进，一国会存在自然的"去工业化"或正常化的"去工业化"，但大规模的制造业规模缩减及制造业地位的下降无疑伴随着失衡的"去工业化"现象。与其他发达国家相比，英国的"去工业化"程度最高，具体体现在制造业进出口贸易和就业规模上。

  第三，第二次世界大战后英国的产业结构调整主要暴露出三个问题，即产业政策与经济发展阶段的错配、有效投资不足、不合理的货币政策和汇率机制。首先，不合理的产业政策是导致英国制造业失衡乃至产业结构失衡的重要原因之一。自第二次世界大战后，英国对本国产业结构分阶段进行了调整，按照政府对相关产业部门的干预程度可分为部门政策和横向政策。之所以认为第二次世界大战后英国的产业政策出现错配现象，既源于与本国产业自身发展状况的不符，也源于与本国所处的经济发展阶段的不符。英国历次产业结构调整所采取的产业政策，其主要的调整路线为"政府干预为主的部门政策—以自由竞争为主的横向政策—自由竞争为主、政府短期干预为辅的横向政策"。具体说来，即当世界主要发达国家正在努力发展创新产业、开发创新产品及创新技术时，英国的主要注意力仍旧放在传统产业上，致使新产品和技术创新不断落后于其他发达国家，制造业也逐渐被他国赶超①；将企业过度曝光在自由竞争的市场环境中，从大规模的国有化到自由竞争环境下的大规模快速私有化，过度"自负"的政府任由企业在优胜劣汰中"自生自灭"，导致大批制造业产业被淘汰，致使本国制造业严重受损；对产业的扶持力度不够，对一些需要扶持的产业所进行短期的扶持，其实际效果极为微弱。其次，不合理且低效的企业投资是英国制造业发展举步维艰的重要影响因子。研究发现，20 世纪七八十年代，英国制造业急速下滑乃至经济中出现弱创新现象，其中一个重要的原因在于英国的"防御性投资"方式大大降低了企业与产业的有效投资利用率，也因此阻碍了对新产品的开发和对新市场的大力发掘，进而进一步加速了制造业的"去工业化"进程。事实上，"防御性投资"是相对于"企业投资"而言的。欧洲主要发达国家，如德国、法国等，将更多的投资投向了能够生产新产品的附加装置，以此创造更多的新产品，提高创新力，而英国却将大部分投资投向了已有的资本结构。那么，较其他发达国家而言，是什么原因导致了英国投资效率的低下？本书认为主要存在三个方面，即英国传统僵化的体制结构和相关利益集团的阻碍、借助优势竞争产业快速恢复本国经济的"急功近利"之心、激烈的国际竞争（欧共体/欧盟内部的竞争、经济全球化的激烈竞争）迫使英国将更多精力放于优势竞争力产业的发展上。在此基础上，英国在资本结构上的投资固然可以在短时间内降低劳动成本，提高劳动生产率，但却不能从长期和根本上提高本国的生产能力及生产率，更不利于本国产业结构的调整平衡。最后，紧缩的货币政策和过高的汇率进一步助推产业结构的失衡。历届政府所实施的宏观经济政策存在的一个普遍共性，即把稳定货币币值和提高汇率作为稳定经济发展的重要工具，这在撒切尔政府执政时期体现得尤为明显。理论上，英镑作为全球主要储备货币，维持其币值和汇率的稳定甚至升值，会更加有利于维护本国货币的国际地位、维持本国物价的稳定等，但这一宏观经济

---

① 也就是说，政府在此阶段的过度干预，尤其是大规模的国有化改革，既没有更加有效地扶持传统产业，也没有为创新型产业奠定良好的发展基础及创造发展的环境。

政策却与当时制造业的发展背道而驰。利率和汇率的提高不仅大大增加了制造业生产部门的投融资难度，也直接抑制了制造业的出口，增加了创新的难度，进而削弱了英国产业发展的力量和平衡力度。

第四，产业结构调整的实质根源是在实现生产要素的优化配置过程中不断提高生产率水平，而目前能真正提高英国生产率水平的主要生产要素在于资本和技术。一般来说，产业结构的演进过程是经济增长对技术创新的吸收以及主导产业部门依次更替的过程，而这一推动过程最终是伴随着各产业生产率水平的差异进行的。彭德在"结构红利假说"中也指出，在非均衡经济条件下，产业结构的变动会伴随着生产要素从生产率较低的部门向生产率较高的部门转移流动而变动，进而带动生产率水平的增长。本书依据这一假说，通过偏离－份额分析法，研究了英国劳动力和资本这两大生产要素的转移流动对本国整体生产率水平的贡献及影响。研究发现，伴随着英国产业结构的不断演进和转型升级，劳动力生产要素在产业间和产业内的转移流动并不能为英国生产率水平的提高和经济增长带来更多贡献，反而会在一定程度上对生产率增长形成一定的制约阻碍。劳动力生产要素对生产率的增长贡献主要来自内部增长效应。也就是说，由劳动力要素所带来的生产率增长并非来自结构变动，而是来自技术的进步。因此，可以很清晰地得出一条提高英国整体生产率水平的路径，即提高劳动力的整体素质，加大教育投入，重点是培养员工的专有技术水平。同时，研究发现，英国制造业正在不断向中高端技术密集型产业集聚，因此，定向培养专有的高端技术型人才是提高本国生产率及实现要素禀赋优化配置的重要方式之一。资本要素是目前阶段能快速提高英国整体生产率水平和带动经济增长的主要来源。无论从结构效应看，还是从内部增长效应看，资本要素的转移对英国生产率水平的提升都起到重要推动作用。同时，本书在尼古拉斯·奥尔顿（2005）分析的基础上认为，近些年来，英国生产率再一次落后于其他主要发达国家的另一主要原因在于资本与投资的相对欠缺。事实上，伴随着信息科技革命的爆发，英国凭借发达的 ICT 技术和具有竞争优势的服务业，逐步缩减了同其他主要发达国家的生产率差距，但在金融危机后，英国与其他主要发达国家的生产率差距又逐步拉大。研究发现，资本是导致英国与他国生产率差距进一步扩大的重要因素。与他国相比，英国具有相对较低的有效投资及投资利用率，这也是近年来英国进一步对中高端技术密集型产业及核心技术加大投资的重要原因。总地来说，英国在产业结构调整中，通过实现产业结构的合理化及高级化两大目标，进而实现资源的优化配置，最终实现经济增长和生产率水平提高的目标。但最终目标的实现，对处于新工业革命时代的英国来说，更加需要资本和技术的有效投入，从根本上提高生产率的增长。

第五，英国着力打造的"再工业化"政策立足于三大突破，即突破对制造业的传统定位，实现"服务+再制造业"的新型价值链模式；突破生产率瓶颈，鼓励科研创新；突破产业政策制约，推进数字化转型的新型创新产业战略。英国的"再工业化"政策是在汲取了历次产业结构调整的经验教训后，充分结合当下面临的困难和挑战所进行了新一轮产业结构调整。金融危机后，英国所展开的新一轮产业结构调整，虽然目前效果并不十分显著，但从制造业对经济的贡献和国际贸易收支等情况看，都有一定程度的好转。同时，"再工业化"新型产业战略的实施将为英国未来的产业结构调整改革指明方向。首先，打破对制造业的传统角色定位，实施"服务+再制造业"的新型价值链生产模式。在传统制造业发展中，生产是制造业的主要任务，而单一的角色定位早已无法满足处于现代化发展中的消费者的多样化需求。同时，伴随着产业结构不断向高级化演进，劳动力就业在向服务业大量流动转移过程中更加呈现出就业"刚性"特性，导致了制造业劳动力的不断缺失和人才质量的下降。"再工业化"政策对制造业角色的重新定位将打破这一传统现状，充分将技术知识、产品创造及服务业进行融合，扩大其生产价值、研发价值和就业价值，同时致力于完成四个目标，即更快速、更敏锐地响应消费者需求；把握新的市场机遇；可持续发展；加大力度培养高素质劳动力。其次，突破生产率瓶颈，鼓励科研创新。"生产率之谜"是目前英国经济发展中一个难以解决的问题，而造成英国生产率难题的一个要素为创新动力不足。目前，英国正处在政治经济最为敏感的阶段,称"内忧外患"也不足以表达出英国所面临的国内及国际局势的严峻性。在复杂且动荡的国际政治经济发展环境下,英国"再工业化"政策中的《打造我们的工业战略》无疑为英国未来的经济发展注入新的动力。这一现代化的工业战略主要从科研创新层面出发,提出十大支柱战略体系,着力提高工业和制造业竞争力、提升生产率水平。最后,突破产业政策制约,推进数字化转型的新型创新产业战略。这一突破是英国政府在宣布"退欧"后为未来产业结构调整而做出的周密战略部署,旨在打造世界领先的数字经济和全面推进产业创新转型。

## 二、英国产业结构调整展望

通过研究英国产业结构的调整问题,得出了英国产业结构调整过程中的可取之处及经验教训。纵观英国第二次世界大战后各个阶段的产业调整特点,在汲取经验教训的同时,可以更好地把握英国未来产业结构的调整。本书认为,世界市场的需求趋势是英国产业结构调整方向的依据;国际贸易新格局将是英国未来产业结构调整方向的约束;而"工业革命4.0"时代,知识经济、技术创新与创新型制造业的相互融合更是英国未来产业结构调整和经济增长的重要着力点。对英国产业结构调整的展望预测,本部分主要从两个方面进行分析,即未来英国产业结构调整应考虑的因素和未来产业结构调整的政策选择。

(一)未来英国产业结构调整应考虑的因素

1. 世界市场的需求趋势

根据产业结构演进理论,一国产业结构演进的决定因素主要存在几个方面,如需求结构、供给结构及生产要素流动配置而产生的结构调整等。但不可否认的是,产业结构调整的目标归根结底是满足消费者的需求、世界市场的需求,顺应世界市场发展的需要。[①] 英国作为世界第六大世界经

---

[①] 陆建安:《产业结构调整与政府的经济政策》,上海财经大学出版社,2002,第237页。

济体①，是进口和出口贸易大国，无论是作为"世界工厂"、向世界输出制造业，还是以服务业为主导、输出金融服务业和制造业，其经济的发展都极度依赖国际经贸市场。同时，英国正是借助国际市场实现了大国强国的地位，同样也只能是国际市场的需求和发展趋势可以指示英国未来产业结构调整的方向，进而成就英国新一轮的产业结构重构。根据未来世界市场需求的趋势，结合英国的竞争优势产业及不断创新的技术，英国未来应着重在以下五个具体领域进行发展。

第一，新兴技术和使能技术。新兴技术是帮助企业建立、测试和采用新技术的第一步，而新兴技术会对商业经济带来极大影响和冲击。目前，英国正在努力培养的新兴技术主要包括量子技术、合成生物学、非动物技术、微生物膜、能源采集、单原子层及新型影像技术等。使能技术是能够提高经济发展中现行产业生产力和效率的新技术和新能力，主要涵盖网络安全、数据、卫星对地观测、电子学、物联网、传感器和光电及机器人自主系统等。② 新兴技术和使能技术之所以成为英国未来的重点发展方向，是因为新兴技术具有四个不可忽略的潜力，即未来英国经济增长的动力源、切实提高民众的生活水平、提高公共服务水平及政府可以提供政策性支持。③

第二，绿色、低碳能源技术行业。英国商业及能源部部长克里·克拉克曾指出，英国拥有的一个天然优势在于，英国是世界上投资清洁、低碳便捷能源最好的地方之一，也是英国可以更新能源基础设施建设的必要条件。同时，建立多元化的、低碳排放的能源体系不仅符合21世纪的需求，也是全球应对气候治理的关键环节。④ 目前，政府已承诺每年支出73亿英

---

① 根据世界银行统计数据得出。
② "Emerging and Enabling Technologies," Innovate UK, Apr. 7, 2016, https://www.gov.uk/government/collections/innovate-uk-emerging-and-enabling-technologies.
③ Government Office for Science, "Technology and Innovation Futures 2017," January, 2017, https://www.gov.uk/government/publications/technology-and-innovation-futures-2017.
④ Department for Business, Energy & Industrial Strategy, "Government Sets Out Plans to Upgrade UK Energy Infrastructure and Increase Clean Energy Investment" (November, 2016).

镑支持可再生电力能源项目的开发建设，主要目的在于便民和降低碳排放。同时，绿色低碳能源技术因其创新性而为英国实现巨大利益。

第三，信息通信技术行业。信息通信技术行业，即 ICT 行业，是英国极具产业竞争力优势的行业，更是新工业革命时代发展的必需行业。ICT 行业主要包括计算机软件业、IT 服务业、网络安全和信息通信业（Telecoms）。数据统计显示，ICT 行业已为英国经济的发展提供了重要机遇。例如，英国的计算机软件行业预估市值为 92 亿英镑，在欧盟中居第二位，占整个国际市场份额的 5%；英国 IT 服务业在 2009 年的预估市值为 252 亿英镑，占整个欧盟和国际市场的份额分别为 21% 和 7.2%。而 ICT 的重要性并不仅仅体现在高的市场占有率方面，其最主要的特性在于未来的创新潜力和物联网①时代的创造力灵活性。ICT 行业不仅是创新型技术行业，更具有强大的研发能力。尤其是在"工业革命 4.0"背景下，ICT 技术与现代化产品的结合是新型创新的重要推动因素。研究表明，ICT 行业是带动生产率增长的重要产业，而在物联网时代，更是新市场所需要的重要推动源。

第四，生物工程、医药保健行业。生物工程及医药领域是继英国有机化学之后的第二大显性技术优势（RTA）②产业，是英国新兴市场中的重要发展扶持行业。从其发展前景看，伴随着未来老龄化的进一步提升、民众生活水平及消费偏好的提高，生物工程及医药领域将具有更加广阔的需求市场和发展前景。从其市场占有率看，此行业仍是英国新兴产业，需要政府有力的政策性扶持和更有效率的投资，进而才能更进一步提高在国际市场中的占有率。

---

① 物联网是新一代信息技术的重要组成部分，也是信息化时代的重要发展阶段。物联网的英文全称为 Internet of Things（IoT），其包含两层意思。第一，核心基础仍为互联网，物联网是互联网基础上延伸和扩展的生产网络；第二，其用户端延伸和扩展到了各种物品之间，在物物之间进行信息交换和通信。根据物联网的两层含义可以看出，与其说物联网是网络，不如说物联网是一种新时代的创新型业务发展模式。

② RTA 是显性技术优势，英文全称为 Revealed Technological Advantage，是一国技术水平占世界技术水平的比重大小。而 RCA 是显性比较优势，英文全称为 Revealed Comparative Advantage，是一国制定部门的出口额占全球总出口额的比重大小。

第五，生命科学行业（Life Science）。生命科学行业主要包括医药行业、医疗技术和医学生物技术。生命科学行业是未来经济发展中的重要前景行业，主要是因为民众收入水平不断提升，老龄化程度不断提高，以及在食品、农业和医药行业的广泛应用等。对英国而言，医药产业是主要出口产业之一，对贸易出口具有正向推动作用。

当然，伴随着国际政治经济格局的不断变化，世界市场的需求趋势也会不断发生变动。值得指出的是，英国若退出欧盟，那么，英国的产业结构和经贸市场格局也会随着合作伙伴国市场需求的变动而发生相应的变动。

2. 国际贸易新格局将对英国产业结构调整形成制约

国际贸易新格局是相对新自由主义经济发展模式下的贸易格局而言的。国际金融危机爆发后，新自由主义经济发展模式不断受到质疑，不仅以金融服务业发展为中心的"知识经济"模式受到质疑，现今经济全球化和自由贸易体制都已受到质疑。[1] 对英国而言，尤其会面临新的国际贸易格局，主要存在国内和国际两个层面的解释。就国内层面而言，英国退出欧洲单一市场的举动会导致本国经贸市场的变动。2017 年 3 月 29 日，英国政府正式启动"脱欧"进程，而这一选择也决定了英国的经贸市场将再一次进行调整。英国最主要的贸易伙伴国为欧盟国家，一旦退出欧盟，必然需要重新签订贸易伙伴关系。从依赖欧盟规则转变为独立的贸易规则，且需要重新考虑贸易成本、最优的产业结构及资源配置等问题，这就意味着英国必须为适应新的国际经贸市场的需求而不断调整本国产业结构，为新贸易格局进行适当调整。而就国际层面而言，"工业革命4.0"和新兴经济体的崛起是重塑贸易新格局的重要影响因素。"工业革命4.0"是金融危机后顺应时代需求而产生的新一轮的工业技术革命。伴随着民众生活水平

---

[1] 在这里需要指出的是，虽然经济全球化之势不可逆转，但随着新兴经济体国家的不断崛起，新兴经济体与发达国家之间原有的利益平衡和权利平衡被打破，导致发达国家的反全球化声音加大。伴随着金融危机等一系列问题的出现，西方发达国家将本国经济的下滑及危机的爆发都归咎于自由贸易和经济全球化。尤其在金融危机后，反全球化和反自由贸易的声音不断增强。

的提高和消费等偏好的转变，民众正不断寻求更加集约、更加可持续、更符合自然和社会伦理的生产和生活方式。而这种以科技创新与企业和经济相互融合的绿色、低碳、智能的经济发展模式是重塑贸易格局的重要因素。同时，以金砖国家为主的新兴经济体国家力量的崛起是国际贸易格局改变的重要影响因子。从国际市场产品的供给和需求结构看，新兴经济体的崛起会打破世界市场原有的供需平衡和产业结构平衡。而这对即将退出欧洲单一市场的英国而言，重视新兴经济体的市场需求十分重要，为此，在英国未来的产业结构调整中，考虑新兴经济体的相关需求因素亦十分必要。国际贸易规则的改变也是重塑贸易格局的重要因素。目前，因新兴经济体崛起而带动的世界秩序的重塑正不断改变着国际贸易规则，而身处复杂国际政治经济环境中的英国也因此需要不断调整产业政策及宏观经济政策等来适应国际市场的需求，进而稳定本国经济，进一步提升本国生产率水平。

3. "新工业革命"的产业融合

"工业革命4.0"时代，知识经济、技术创新与创新型制造业的相互融合更是英国未来产业结构调整和经济增长的重要着力点。在今后的 10—20 年，在数字经济和科技创新驱动下，很有可能爆发一场以绿色、智能和可持续为特征的新的科技革命和产业革命。而在世界正面临第五次科技革命和第三次工业革命的重合期，科技创新与企业和经济发展的关系比以往任何时候都更加直接和密切，创新和突破将创造新的需求与市场，改变人们的生产、生活方式与经济社会发展模式，进而改变人类文明发展的进程。① 而互联网、新能源、新材料、生物科技等将是"工业革命4.0"时代最主要的经济增长点。

（二）英国未来产业结构调整政策的选择

通过分析英国第二次世界大战后的产业结构调整问题，更加清晰了英国未来产业结构调整的方向。在过去结构调整经验教训的基础上，本书主要从产业政策和经济政策两个层面进行相对的展望分析。

---

① 杰里米·里夫金：《第三次工业革命》，中信出版社，2014，第 XXI 页。

产业政策是产业结构调整的重要工具。所以，选择怎样的产业政策、政府在横向产业政策和部门产业政策之间进行怎样的权力分配、应对哪些产业部门进行着重扶持、在原有实施的产业政策基础上应做怎样调整等，这些问题对于未来英国经济的发展极其重要。那么，英国应做出怎样的政策选择？

第一，横向产业政策与部门产业政策的权力分配。自撒切尔政府执政以来，英国在产业政策的选择上更加倾向于政府干预力度小的横向产业政策，鼓励自由竞争，优胜劣汰，对企业实行非常有限的扶持。但英国未来的产业政策应该会做出一系列调整。首先，强化部门政策。部门政策会在几个方面进行强化干预，如部门干预措施、部门集聚政策、部门贸易政策、区域发展政策、部门技术政策及产品采购政策等。而具体的强化政策主要以最大化长期的部门经济增长为主要目标，通过抓住未来经济增长的重要战略机遇和把握好政府的干预力度，来实现资源的优化配置和生产率的提高。

第二，产业政策聚焦前景产业。对于未来的经济发展，英国应该更加聚焦拥有发展前景的产业部门及具有附加值增加潜力和充分吸收就业的部门。那么，能够推动英国未来经济增长的重要增长点有哪些？首先，是不断增长的收入水平和正在变化的需求模式。从经济发展的长期来看，人均收入的不断增加及需求的变动会直接影响到各部门在经济中的发展权重及未来发展前景。主要原因存在以下两个方面：一是，经济的增长和民众生活水平的提高会改变民众的消费需求和偏好，对消费产品的要求也会存在一定程度的提升。二是，相比发达经济体，新兴经济体在未来的国际经济发展中会有更多的贡献。IMF预测在未来5年的发展中，发达国家对全球经济的贡献低于2%，而新兴经济体贡献约在5%左右。也就是说，新兴经济体在英国未来的经济发展中将起至关重要的作用。尤其在英国"脱欧"后，新兴经济体的市场需求将成为英国必须重视的一部分，所以，英国的产业发展方向也必然会兼顾新兴经济体的需求。其次，正在发生变化的商业运营模式和新技术是未来经济的重要增长点。新的商业发展模式，如

ICT 技术与不断改进的物流业的充分融合，会极大促进创新产业的发展。同时，技术改进可以提高生产效率、产业质量和附加值。英国发达的 ICT 技术和强大的创新力会相应缩短新产品的生产周期，为英国未来的经济发展提供机遇。最后，是对环保型产品、生产过程及生产标准的不断提高。未来更加严格的环保标准及国际条款等会大大增加对低碳商品的需求。

第三，强化政府与企业和产业的协调合作。对于政府与企业的充分合作，尤其是在制定相关政策和创造商业环境方面，许多国家已十分成熟。对英国来说，广泛改善产业部门的商业竞争力、对新兴产业和企业形成长期的管理、监督及扶持是确保产业有效发展的重要因素。对此，政府也已采取了相关措施，如强化英国制造业供给链。自第二次世界大战后，英国制造业的快速"去工业化"大大削弱了英国制造业供给者的地位。为重拾英国制造业信心，英国需要将产业政策立足于每一个部门，实现部门与政府产业政策的切实融合，进而达到强化制造业和完成政府强力、可持续和平衡增长的经济目标。对此，英国政府于 2015 年 2 月发布了《强化英国制造业供给链：政府与产业的行动计划》[①]，指出了强化本国制造业供给链的六项举措，即创新（Innovation）、技术（Skills）、金融、强化中小企业能力、强化供给链间的合作及创造更加弹性的供给链。建立有效率的管理和领导层供给链及网络组织。为提升企业生产及运行效率，英国就业及技术委员会（UKCES）提出了增加管理层和领导层技术需求的创新性提议，实现已有的供给链与商业领导层的对接，[②] 希望可以实现企业运行的可持续性。

第四，重塑英国现代化产业战略，聚焦十大未来产业战略支柱，实现中高端制造业、金融服务业与创新性产业的充分融合。十大未来产业战略支柱主要包括：增加科学、研发和创新的投资，提高技术，升级基础设施

---

① HM Government, "Strengthening UK Manufacturing Supply Chains: an Action Plan for Government and Industry" (February, 2015).

② UK Commission of Employment and Skills, "The UK Futures Programme-competition Brief: Management and Leadership in Supply Chains and Networked Organisations" (June, 2014).

建设，大力扶持创业阶段和成长阶段的企业，提高政府采购，鼓励贸易和吸引投资，发展绿色低碳经济，培育具有竞争力的世界领导部门，建立推动整个国家增长的框架体系，在产业部门及区域间建立合适的机制体系。在实现这十大支柱产业的相互促进融合过程中，充分实现本国生产率的增长和民众生活水平的提高。

## 第二节　对中国的影响和启示

英国是产业结构调整极为典型的案例，其产业结构的调整和演进不仅可以为中国进行结构转型和产业结构调整提供有价值的经验和教训，也给中国现在和未来的经济发展带来深远的影响。中国国家统计局数据显示，截至 2015 年，英国是中国第六大出口国、第十大进口国，是中国重要的贸易合作伙伴，其对中国的重要性和影响力也会随着英国产业结构的调整变动而变得更为重要。英国产业结构调整对中国的影响力和重要性主要体现中英经贸合作层面和经验教训层面。

就中英经贸合作层面看，英国产业结构调整对中国未来经济发展带来的机遇要大于挑战。首先，英国产业结构优势及调整方向可以弥补中国产业结构发展中的不足。目前，中国经济发展已进入瓶颈期。中国产业结构转型升级中面临的主要问题有：第一，传统要素禀赋的比较优势逐渐减弱。过去中国经济的增长明显得益于劳动力、土地、资源和政策要素的不断投入。但随着产业结构的演进和经济的不断发展，原有的支撑本国经济增长的资本、土地、劳动力等要素禀赋的低成本比较优势已逐渐褪去。不断升高的生产成本也导致一些外资企业撤离中国市场，转向生产成本更低的东南亚地区。第二，中国制造业向全球价值链的中高端转型进展缓慢。在过去的经济全球化和国际分工体系下，中国参与国际竞争的比较优势在于资源的丰富和劳动力成本的低廉，但以技术为主导的竞争优势并未形成。而在以创新和技术发展为导向的未来经济市场中，"中国制造"向全球价值链过渡过程中会面临诸多阻力。第三，自主创新对结构转型升级的支撑不足。目前，中国主要存在以下三个问题限制了本国的自主创新能力，即国家创新体系尚不完整，信息化对工业发展的促进作用有限，高技术产业发展与高技术发展并不同步。同时，经验表明，经济发展中更多的创新来自制造业，但目前中国制造业主要为中低端制造业，技术创新能力很低。而较低的技术创新很难转化为科技成果或新产品来带动中国的结构转型升级。当然，中国的产业结构亟待解决的问题很多。而就英国而言，之所以认为英国产业结构及未来的调整可以弥补中国产业结构发展中的不足，主要存在三个方面的原因：第一，英国产业结构已演进到更加高级的阶段，有更加发达的制造业和具有比较优势的金融服务业；第二，英国具有十分发达的 ICT 产业及创新力，更加能够在新一轮的科技革命中突出其竞争优势，更加满足未来世界市场的需要；第三，英国的比较优势产业，如生物制药、生命科学、化学化工等，伴随着人口老龄化，都成为未来世界市场需求中最具价值的行业。所以，就英国产业结构的演进发展会与中国产业结构转型升级形成良性互动。其次，英国会是中国经贸领域中非常得力的合作伙伴。目前，英国是中国第六大出口国和第十大进口国，是中国重要的经贸合作伙伴。而伴随着英国的"脱欧"和"再工业化"政策的实施及新一轮科技革命的到来，英国产业本身的优势、未来所具有的更大创新潜力及所处的特殊的国际环境将会给中国带来更多的发展利好。中国具有更低的产业创新力，与英国在更多领域的合作会加快中国的创新能力及转型升级。同时，伴随英国"脱欧"，中英之间将会在更广泛的领域展开经贸合作，这为中国"干中学"提供了良好机遇。最后，中英合作可以加大中国在"新工业革命"中的比较优势。"新工业革命"会在不断的科技创新中进一步强化规模经济、降低产品成本。所以，强大的科技研发能力和制造能力是满足未来国际市场需求的重要前提。英国具有较强的科技比较优势，而中国具有较强的制造能力和投资能力。中英优势的充分融合也可以加快两国占据未来国际市场的速度。

当然，英国产业结构调整在为中国提供更多机遇的同时，也带给中国更多的经验教训，为中国今后的产业结构调整和转型升级提供更多借鉴，其经验教训主要表现为四个方面。第一，产业政策的实施。从英国历次产业结构调整经验看，对英国产业结构演进及产业发展方向影响最大的是产业政策，可以说，产业政策对各产业的兴衰起到决定性作用。在英国产业结构调整中，虽然不能直接断定英国产业政策是失败的，但可以肯定的是，英国产业政策在历次产业结构调整中存在很多不合理的情况，如英国过度的自由竞争政策及缺乏相关政策扶持等。这些不合理的产业政策不仅加速了英国快速"去工业化"的进程，更导致英国产业结构的不断失衡。这造成的直接后果是英国制造业的萎缩、产业优势竞争力的下滑、国际地位的下降等，而借鉴后果在于创新力的下滑。鉴于此，英国在新型产业战略中更加强调政府在产业结构调整中的作用、管理及领导层在中小企业生产供给链中的角色定位及对更具价值和发展前景的新兴产业的战略性扶持。所以，中国在产业政策选择上应更加慎重。依据中国的具体国情和产业结构演进进程，充分融合未来国际市场的需求和未来科技革命发展的方向，合理决定中国经济的结构性改革方向。第二，宏观经济政策的实施。在英国产业结构调整中，低投资和低投资利用率、紧缩货币政策及高汇率政策对英国制造业的发展影响尤其严重。不得不承认，英国许多的宏观经济政策与其产业的发展严重不吻合，或者是受到僵化体制的影响，或者是受到国家相关利益集团的阻碍等，最终导致了英国产业结构的日益失衡和制造业的持续萎缩。对此，中国应从中汲取经验教训。第三，充分把握好生产要素在产业结构中的优化配置。要素禀赋在产业间和产业内的转移流动在加速产业结构调整变动过程中，会对生产率增长起到重要作用，而劳动力和资本是影响生产率增长的重要因素。目前为止，导致英国面临"生产率之谜"困境的一个主要因素在于资本和投资的相对匮乏。所以，对中国来说，应充分重视生产要素的投入及优化配置，进而最大化地实现本国生产率水平的提高。第四，增强创新力是实现经济发展的硬道理。尤其在新科技革命时代，创新决定着本国在未来国际市场中所占的市场地位和满足未来国际市场需要的能力。第二次世界大战后英国之所以不断被赶超，很大原因来自低科技创新，由低创新所形成的经济发展的路径依赖又会进一步侵蚀英国各产业的发展，削弱本国的制造能力和创新能力。中国目前正处于经济结构转型的关键时期，科技创新力是最大的阻碍因素。所以，中国应努力提高创新能力，进而在新科技革命时代中实现产业结构的转型升级和经济的可持续发展。

# 参考文献

[1] 保罗·克鲁格曼：《战略性贸易政策与新国际经济学》，中信出版社，2010。

[2] 蔡兴、刘子兰：《美国产业结构的调整与贸易逆差》，《国际贸易问题》2012年第10期。

[3] 陈仲丹：《"英帝国"解体原因探析》，《南京大学学报：人文社科版》，1999年第4期。

[4] 方甲：《产业结构问题研究》，中国人民大学出版社，1997。

[5] 弗里德里希·李斯特：《政治经济学的国民体系》，商务印书馆，2012。

[6] 霍利斯·钱纳里：《工业化和经济增长的比较研究》，上海三联出版社，1995。

[7] 景跃军：《英国、德国与美国三次产业结构比较分析》，中国区域人口与发展学术研讨会会议论文，2005。

[8] 康华、陆扬：《英国产业结构调整经验可鉴》，《全球科技经济瞭望》2000年第3期。

[9] 李洪：《英国国有企业有效率吗?》，《世界经济》1990年第11期。

[10] 李京文、乔根森：《生产率与中美日经济增长研究》，中国社会科学出版社，1993。

[11] 李猛：《产业结构与经济波动的关联性研究》，《经济评论》2010年第6期。

［12］李小平、卢现祥：《中国制造业的结构变动和生产率增长》，《世界经济》2007年第5期。

［13］李小平：《中国制造业劳动生产率增长的源泉及其特征——基于"结构红利假说"的实证检验》，《当代财经》2008年第3期。

［14］李耀新、乌家培：《产业结构调整中的生产要素配置原理》，《经济学家》1994年第5期。

［15］陆建安等：《产业结构调整与政府的经济政策》，上海财经大学出版社，2002。

［16］罗洪波：《关于西欧公有企业的几个问题》，《世界经济与政治》1995年第2期。

［17］罗志如、厉以宁：《二十世纪的英国经济："英国病"研究》，商务印书馆，2013。

［18］曼瑟·奥尔森：《权利与繁荣》，上海世纪出版社，2014。

［19］毛锐：《撒切尔政府私有化政策研究》，中国社会科学出版社，2005。

［20］毛锐：《撒切尔政府私有化政策定位分析》，《探索与争鸣》2005年第6期。

［21］尼古拉斯·韩德森：《英国的衰落及其原因和后果》，林华清译，上海外语教育出版社，1985。

［22］彭冲、李春风等：《产业结构变迁对经济波动的动态影响研究》，《产业经济研究》2013年第3期。

［23］S.N.布罗德伯里：《生产率竞赛：从国际比较看英国制造业1850—1990》，中国经济出版社，2001。

［24］孙彦红：《欧盟产业政策研究》，社会科学文献出版社，2012。

［25］万玲英：《"英帝国"的衰落与英国和共同体的关系》，《国际问题研究》1982年第4期。

［26］王林生、梅洪常：《产业结构合理化评价体系研究》，《工业技术经济》2011年第4期。

［27］王鹏、尤继红：《产业结构调整中的要素配置效率——兼对"结构红利假说"的再检验》，《经济学动态》2015年第10期。

［28］王展鹏编《英国发展报告（2015—2016）：英国产业结构调整新动向》，社会科学文献出版社，2016。

［29］吴敬琏：《中国增长模式抉择》（增订版），上海远东出版社，2008。

［30］西蒙·库兹涅茨：《各国的经济增长》，商务印书馆，1985。

［31］熊德平、冉光和：《农业产业结构调整——制度经济学的解释、定义与建议》，《福建论坛·经济社会版》2002年。

［32］徐元康：《动态比较优势理论与新贸易理论研究》，《岭南学刊》2015年第6期。

［33］杨公朴：《产业经济学》，复旦大学出版社，2005。

［34］尹艳霞、耿嘉川：《关于山东产业结构合理化问题的探讨》，《东岳论丛》2005年第5期。

［35］原毅军、董琨：《产业结构的变动与优化》，大连理工大学出版社，2008。

［36］张大岭、王鲁豫：《英国工业结构调整的主要做法和借鉴》，《改革与理论》1999年。

［37］张浩然、衣保中：《产业结构调整的就业效应：来自中国城市面板数据的证据》，《产业经济研究》2011年第3期。

［38］张建平：《欧盟"再工业化"战略对我国制造业发展的启示》，《河北经贸大学学报》2016年第2期。

［39］张捷：《全球分工格局与产业结构的新变化》，经济科学出版社，2014。

［40］史世伟：《实施工业4.0对于德国经济的意义及其对中国制造业转型的启示》，《当代世界》2016年第1期。

［41］张毅：《全球产业结构调整与国际分工变化》，人民出版社，2012。

［42］张志诚、张佐友等编《生产力经济学辞典》（新编），立信会计出版社，2002。

［43］A. Maddison, "Growth and Slowdown in Advanced Capitalist Economies: Techniques of Quantitative Assessment," *J. Econ. Literat* 25 (1987).

［44］A. Marshall, *Industry and Trade* (London: Macmillan, 1923).

［45］Aiginger, K., Hutschenreiter, G. and Marterbauer, M., "Structural Change and Economic Growth" (2001).

［46］Arthur Knight, "UK Industry in the Eighties," *Fiscal Studies* (1987).

［47］BIS, "Government Backs Manufacturing with Action Plan and Cash Boost" (2015).

［48］BIS, "UK Skills and Productivity in an International Context" (2015).

［49］Broadberry, S., "The Performance of Manufacturing," in floud (2004).

［50］Broadberry, S. and M. O'Mahony, "Britain's Twentieth Century Productivity Performance in International Perspective," in Crafts N et al. (eds) Work and Pay in 20th century Britain (2005).

［51］Chenery & Sycqquin, *Patterns of Development*, 1950—1970 (London: Oxford University Press, 1975).

［52］Colin Clack, "The Condition of Economic Progress," *Macmillan* 15, No. 2 (1951).

［53］Crafts, N., "British Relative Economic Decline Revisited: the Role of Competition," *Explorations in Economic History* 49, No. 1 (2012).

［54］Dani Rodrik, "Why Innovation Alone isn't Enough to Boost Economies," *World Economic Forum* (2016).

［55］David Bailey and Keith Cowling, *New Perspectives on Industrial Policy for a Modern Britain*, (Oxford: Oxford University Press, 2015).

［56］Deakin, S., "The Legal Framework Governing Business Firms and its Implications for Manufacturing Scale and Performance: The UK Experience in International Perspective," *Asia–Pacific Journal of Accounting & Economics* (2013).

[57] Department for Culture, Media & Sport, "UK Digital Strategy 2017 (Policy paper)" (2017).

[58] Department for Culture, Media & Sport and the Rthon Karen Bradley MP, "UK Digital Strategy" (2017).

[59] Dobbs, I. M., Hill, M. B., Waterson, M., "Industrial Structure and the Employment Consequences of Technical Change," *Oxford Economic Papers—New Series* 39 (1987).

[60] E. Helpman, *Innovation and Growth in the Global Economy* (Cambridge: MIT Press, 1991).

[61] E. F. Dension, "Why Growth Rates Differ: Post-war Experience in Nine Western Countries," *Review Economic* (1969).

[62] Eltis, W., "How Low Profitability and Weak Innovativeness Undermined UK Industrial Growth," *The Economic Journal* (1996).

[63] Fabricant, S., "Employment in Manufacturing 1899—1939," *NBER Working Paper* (1942).

[64] Fagerberg, J., "Technological Progress, Structure Change and Productivity Growth: A Comparative Study," *Structural Change and Economic Dynamics* 11 (2000).

[65] Fisher, A., *The Clash between Progress and Security* (London: Macmillan, 1935).

[66] Gary Becker, *The Myth of Democratic Failure: Why Political Institutions are Efficient* (Chicago: Universtiy of Chicago press, 1995).

[67] George G. Ray, "Changes in Industrial Structure," *National Institute Economic Review* (1984).

[68] Glaeser, E., "Reinventing Boston: 1630—2003," *Journal of Economic Geography* (2005).

[69] Government Office for Science, "International Industrial Policy Ex-

periences and the Lessons for the UK" (2013).

[70] Government Office for Science, "The Future of Manufacturing: A New Era of Opportunity and Challenge for the UK" (2013).

[71] Herrick B., Kindleberger C. P., "Economic Development," *Me-Graw-hill* (1983).

[72] HM Government, "Building Our Industrial Strategy (Green Paper)" (2017).

[73] HM Government, "The United Kingdom's exit from and new partnership with the European Union" (2017).

[74] HM Government, "New Industry, New Jobs – one year on," London: The Stationery Office (2010).

[75] Hoffmann, W., *The Growth of Industrial Economies (English Translation)* (Manchester: Manchester University Press, 1958).

[76] J. Fagerberg, "Technological Process, Structural Change and Productivity Growth: A Comparative Study," *Structural Change and Economic Dynamics* (2000).

[77] Joel D. Wolfe, *Power and Privatization Choice and Competition in the Remaking of British Democracy* (ST. Martin's Press, 1996).

[78] John Beath, "UK Industrial Policy: Old Tunes on New Instruments?" *Oxford Review of Economic Policy* 18 (2002).

[79] Kador, N., *Causes of the Slow Rate of Economic Growth of the United Kingdom* (Cambridge: Cambridge University Press, 1966).

[80] Kitson, M. and Michie, J., "Britain's Industrial Performance since 1960: Underinvestment and Relative Decline," *Economic Journal* (1996).

[81] Lin, J. and Chang, H. J., "Should Industrial Policy in Developing Countries Conform to Comparative Advantage or Defy it?" *Development Policy Review* (2009).

[82] Lynden Moore, *Britain's Trade and Economic Structure: the impact*

of the EU (Routledge, 1999).

［83］M. Thatcher, "The Revival of Britain: Speeches on Home and European Affairs," London (1989).

［84］M. Timmer and A. Szirmai, "Productivity Growth in Asian Manufacturing: The Structural Bonus Hypothesis Examined," *Structural Change and Economic Dynamics* (2000).

［85］Mansell, K., "UK Visible Trade in the Post-war Years," *Economic Trends* (1980).

［86］Matthews, R. C. O., Feinstein, C. H. and Odling-Smee, J. C., *British Economic Growth*, 1856—1973 (Oxford: Oxford University Press, 1982).

［87］Metcalfe, J. S., *Evolutionary Economics and Creative Destruction* (London: Routledge, 1998).

［88］Nicholas Oulton and Sylaja Srinivasan, "Productivity Growth in UK Industries, 1970—2000: Structural Change and the Role of ICT," *Bank of England Working Paper* (2005).

［89］Noland, M. and H. Pack, "Industrial Policy in an Era of Globalization: Lessons from Asia," *Institute for International Economics* (2003).

［90］Nouriel Roubini, "Why Innovation Alone isn't Enough to Boost Economies," *World Economic Forum* (2016).

［91］O'Mahony, M. and Timmer, M, "Output, Input and Productivity Measures at the Industry Level: The EU KLEMS Database," *Economic Journal* (2009).

［92］OECD, Measuring the Information Economy, Paris (2002).

［93］Owen, G., "Industrial Policy in Europe since the Second World War: What has been Learnt?" *ECIPE Occasional Paper* No. 1 (Department of Management, London School of Economics, 2012).

［94］Owen, G., *From Empire to Europe: The Decline and Revival of British Industry since the Second World War* (London: Harper Collins, 1999).

[95] P. Lindberg and C. A. Voss, *International Manufacturing Strategie* (Kluwer Academic Publishers, 1998).

[96] P. S. Johnson, *The Structure of Britain Industry* (Granada Publishing Limited, 1980).

[97] Pack, H. and K Saggi, "Is There a Case for Industrial Policy? A Critical Ssurvey," *The World Bank Research Observer* (2006).

[98] Peneder, M., "Structural Change and Aggregate Growth," *Department for Industry, Technology and Innovation* (2002).

[99] Peter Hall, *Governing the Economy: The Politics of State Intervention in Britain and France* (Cambridge: Polity Press Ltd., 1986).

[100] Philippe Aghion, "Industrial Policy and Competition," *NBER Working Paper* NO.18048 (2012).

[101] R. Rowthorn and K. Coutts, "Re-industrialization——A Commentary," HM Government (2013).

[102] R. R. Nelson and H. Pack, "The Asian Miracle and Modern Growth Theory," *Econometrica* (1999).

[103] Raymond Vernon, "International Investment and International Trade in the Product Life Cycle," *Quaterly Journal of Economics* 80 (1966).

[104] Rodrik, D., *Industrial Policy for the 21st Century* (Cambridge: Harvard University Press, 2004).

[105] Rowthorn, R. E. and Wells, J. R., *De-industrialisation and Foreign Trade* (Cambridge: Cambridge University Press, 1987).

[106] S. Broadberry and T. Leunig, "The Impact of Government Policies on UK Manufacturing since 1945," *London School of Economic* (2013).

[107] Sheffrin, S. M. and Woo, W. T., "Present Value Tests of an Intertemporal Model of the Current Account," *Journal of International Economics* (1990).

[108] Singh, A., "UK Industry and the World Economy: A Case of De-

industrialization?" *Cambridge Journal of Economics I*, No. 2 (1977).

［109］Singh, A., "Comparative Advantage, Industrial Policy and the World Bank: Back to First Principles," *Policy Studies* (2011).

［110］Tarling, R. and Wilkinson, F., "The Social Contract: Post-war Incomes Policies and Their Inflationary Impact," *Cambridge Journal of Economics I*, No. 4 (1977).

［111］Timmer, M. and Szirmai, A., "Productivity Growth in Asian Manufacturing: The Structural Bonus Hypothesis Examined," *Structural Change and Economic Dynanmics* (2000).

［112］UK Commission of Employment and Skills, "The UK Futures Programme – Competition Brief: Management and Leadership in Supply Chains and Networked Organisations" (2014).

［113］Vittorio, V. and S. Donatella, "Structural Change and Economic Development in China and India," *European Journal of Comparative Economic* (2009).

［114］W. E. G. Salter, *Productivity and Technical Change* (Cambridge: Cambridge University Press, 1960).

［115］Wade, R., "After the Crisis: Industrial Policy and the Developmental State in Low – income Countries," *Global Policy* (2010).

［116］Walter Eltis, "How Low Profitability and Weak Innovativeness Undermined UK Industrial Growth," *The Economic Journal* 434 (1996).

［117］Walther G. Hoffmann, *The Growth of Industrial Economies* (*English Translation*) (Manchester: Manchester University Press, 1958).

［118］Willian J. Baumoul, Monte Malach, Ariel Pablos-Mendez, et al., *The Cost Disease: Why Some Things Keep Getting More Expensive and Why It's Not the Problem We Think It is* (Yale university press, 2012).

［119］WIPO, "The Global Innovation Index 2016: Winning with Global Innovation" (2016).